PUPPEN

XENOS Verlagsgesellschaft m.b.H.

PUPPEN

Brenda Gerwat-Clark

Widmung

Für meine Eltern, die meine alten Spielzeugpuppen verwahrt haben; für meinen Mann Stephen, der mir den Anstoß für dieses aufwendige Hobby gegeben und es über Jahre mit mir geteilt hat; für meine Töchter Naomi und Leona, die geduldiges Verständnis hatten; für Tesse, die mit mir an den Puppen und den wundervollen Kleidern gearbeitet hat; und für alle Freunde, die einen stummen, jedoch nicht weniger wichtigen Beitrag geleistet haben.

Deutsche Ausgabe:
ISBN 3-8212-0732-9

Am Hehsel 40, 2000 Hamburg 63
Übersetzung aus dem Englischen: Ursula Röder, Neunkirchen
Einbandgestaltung: Werbeagentur Klingenberg, Hamburg
Satz: Atelier Schümann GmbH, Hamburg
Printed in West Germany

Die englische Originalausgabe erschien 1987
unter dem Titel Brenda Gerwat-Clark,
„The Collector's Book of Dolls"
im Verlag Apple Press Ltd., London

UMSCHLAG:

VON LINKS OBEN NACH UNTEN:

1 Deutsche Charakterpuppe, der Kopf trägt das Zeichen 'K ☆ R 117'.
2 Französische Bébé-Puppe, mit der Halsmarke: Bru Jne. 9.
3 'Eden-Bébé' von Fleischmann & Bloedel.
4 Französische Steiner-Puppe der Serie 'A' mit offenem Mund.
5 Deutsche Simon-&-Halbig-Puppe.
6 Frühe deutsche Puppe mit sogenanntem Beltonkopf und geschlossenem Mund.

Die Kunst der Puppenmacher existiert schon seit Tausenden von Jahren. Frühe Holz- oder Steinfiguren in menschlicher Gestalt wurden später von Stoffpuppen abgelöst. Im Altertum wurden Puppen für Rituale und Opferdienste benutzt. Die Verwendung der Puppe als Kinderspielzeug entwickelte sich erst danach.
Das menschliche Bedürfnis nach einem solchen Objekt ist tief verwurzelt und stammt aus früher Zeit. Die Puppe ist zugleich ein Liebes- und Schönheitsobjekt, das in der Kindheit hoch geschätzt wird. Sie ist auch ein historisches Dokument vergangener Mode und Handwerkskunst. Puppen kann man als Volkskunst betrachten, bei der die Geschicke des Entwerfers und des Handwerkers mit dem technologischen Wissensstand und den Materialien der jeweiligen Epoche zusammenwirken. Das Ganze findet Ausdruck in kunstvollen Charakterporträts aus Dichtung, Alltag oder Filmen. Die Puppen sind Ausdruck einer gewissen Zeit, beinhalten allgemeine Trends und geben uns einen liebenswürdigen und informativen Einblick in die Vergangenheit mit all ihren Wünschen und Träumen.

In uns allen steckt etwas vom Kind. Auch wenn dieses Etwas mit zunehmendem Alter von Erkenntnissen zugeschüttet wird, so ist der Zauber, der uns zu dieser Kunstform hinzieht, derselbe Zauber, der einige Millionen Erwachsene in aller Welt veranlaßt, Puppen zu sammeln. Beim Puppensammeln lassen Sie sich auf ein lohnendes, aufregendes, manchmal eher aufreibendes und vielleicht zeitraubendes Hobby ein. Aber sicherlich wird es für Sie ein Erlebnis werden, das Sie nicht mehr missen möchten. Sie gesellen sich zu einer über die Welt verteilten Familie von Sammlern und Enthusiasten, die Ihnen ihr Wissen und ihre Freundschaft anbieten, mit Ihnen ihre Sammelleidenschaft und ihre Jagd nach neuen Objekten teilen. Wenn unsere Puppen nur sprechen könnten, welche Geschichten würden sie wohl zu erzählen haben?
Ihr Leben wird nicht dasselbe sein, und sobald sich dieses beliebte Völkchen in Ihr Leben geschlichen hat, Ihre Sessel, Ihre Glasvitrinen und Ihr Sofa füllt, werden Sie merken, daß Sie der Verwalter eines eigenen Privatmuseums sind.

Holzpuppen

Holz wurde zur Puppenherstellung benutzt, weil es nicht teuer war. Im 17. und 18. Jahrhundert waren die Hauptgegenden für Holzschnitzereien das Grödnertal im österreichischen Tirol sowie Bayern und Thüringen. Diese reichlich bewaldeten Gegenden boten eine ideale Grundlage für die Holzschnitzindustrie, und es ist auch leicht erklärlich, warum dieser Industriezweig in jener Zeit aufblühte. Holzpuppen wurden ebenfalls in Frankreich und England hergestellt. In einem britischen Testament von 1548 wird eine Puppe mit Holzkopf, der mit Gips überzogen war, erwähnt, und die Herstellung hölzerner Babypuppen auf einer Drehbank wurde in England schon im Jahre 1733 schriftlich festgehalten.

St. Ulrich, die größte Ortschaft im Grödnertal war seit dem frühen 18. Jahrhundert das Zentrum einer Spielzeugindustrie. Die Menschen in dieser Region waren tief religiös, die Umgebung dicht bewaldet und einsam. Wen wundert es da, daß die frühen geschnitzten Heiligenfiguren in den Kirchen zu Modellen für Puppen wurden, die dann auf dem Markt verkauft wurden? Die Menschen in der Gegend führten ein isoliertes Leben hoch in den Alpen, waren im Winter eingeschneit und hatten keine andere Arbeit, bis um 1856 der Zugang leichter wurde. Außer Puppen wurden Tiere aus Eschen-, Birnbaum- und Buchsbaumholz geschnitzt und auf einer Drehbank hergestellt.

Herstellung

Was die Herstellung der Holzpuppen betrifft, wissen wir nur, was wir sehen: es existieren keine Patente, und ein Großteil moderner Nachforschungen hat nicht viel gebracht. Man weiß nicht, von wem und in welchen Mengen diese Puppen fabriziert wurden. Aus Erkenntnissen über die soziale und wirtschaftliche Geschichte dieser Zeit wie durch Artikel und Familienchroniken können wir uns ein ungefähres Bild von diesen Puppen machen, die lange ein Geheimnis für uns waren. In einem Artikel, der 1875 verfaßt wurde, wird beschrieben, wie die Holzpuppen von Heimarbeitern angemalt wurden. Diese Arbeitskräfte erhielten 1/4 Penny für das Dutzend, mußten davon aber auch Farbe und Leim bezahlen. Wenn sie den ganzen Tag daran arbeiteten, konnten sie einige hundert Dutzend Stück in der Woche bemalen. Ganze Familien, besonders in so einsamen Gegenden wie dem Grödnertal waren mit dieser Arbeit beschäftigt, einige schnitzten die Puppen, und

LINKS: Hölzerne Puppe vom Typ Queen Anne, 52,5 cm groß, mit schwarzen Glasaugen ohne Pupille, eingestanzten Augenbrauen. Der gipsüberzogene Kopf, mit kleinem gemaltem Mund und geröteten Wangen, ist in gutem Zustand. Der gedrungene einteilige Körper hat mit Gelenken versehene bemalte hölzerne Gliedmaßen. Die Perücke ist auf dem Kopf festgenagelt (frühes 19. Jahrhundert). (Sammlung der Autorin)

andere bemalten sie. Die Zünfte waren zu der Zeit ziemlich mächtig – die kontinentalen Zünfte stärker als die englischen –, und zwischen Schnitzern und Malern wurde streng getrennt.

Die Puppen wurden in verschiedenen Stadien bemalt, damit die Farbe zwischendurch trocknen konnte. Wenn sie fertig waren, nahmen fahrende Händler, die durchs ganze Land und manchmal sogar ins Ausland reisten, die Puppen mit, um diese und andere Waren zu verkaufen. Diese Händler fuhren nach Böhmen oder Sachsen, um für den Außenhandel mit ihren Puppen, einem aufblühenden Industriezweig, Unterstützung zu bekommen.

Wer waren die Schnitzer, die solche unbezahlbaren Schätze nach ein und demselben Stil schufen? Entweder sie gehörten einer Handwerksschule an, lernten bei einem einzigen Meister bestimmte Techniken im Umgang mit dem Material zu entwickeln und blieben dieser Tradition treu. Oder jeder Handwerker arbeitete unabhängig vom anderen an einer Drehbank und verfolgte seinen eigenen Stil, der zufällig dem der anderen mehr oder weniger glich.

Queen-Anne-Puppe

Zu den meistgefragten Holzpuppen gehört die sogenannte Queen-Anne-Puppe. Einige dieser Puppen wurden bereits vor Queen Annes Regierungszeit erstellt, sie herrschte von 1702 bis 1714, andere wurden bis weit ins

UNTEN: Eine seltene Sammlung früher Holzpuppen. Teil einer 22köpfigen Gruppe, die eine Universitätsabschlußfeier darstellt, bei der alle Fakultäten vertreten sind. Es sind alles Holzpuppen aus dem Grödnertal mit voll ausgearbeiteten und Gelenken versehenen Holzkörpern, fein bemalten Gesichtern und Haaren, 13,75 cm groß und im Originalzustand. (Sammlung der Autorin)

19. Jahrhundert hergestellt. Sie werden mit England in Verbindung gebracht, obwohl häufig Exemplare in den USA gefunden werden. Diese wurden wahrscheinlich von den ersten Siedlern mitgebracht. Es gilt als erwiesen, daß die Queen-Anne-Puppe ihre Geburtsstätte in England hat.

Die Körper der Puppen wurden an Drehbänken geformt, die Köpfe handgeschnitzt, die Augen wurden entweder gemalt oder aus schwarzem, pupillenlosem Glas gefertigt. Manchmal waren die Augen auch blau. Der Kopf und der Körper wurden aus einem Stück Holz gearbeitet, der Kopf mit Gips und Lack überzogen und die Gesichter sorgfältig bemalt. Finger und Hände wurden geschnitzt, ebenfalls mit Gips überzogen und mit Stoff und Nadeln am Körper befestigt. Die Beine waren geschnitzt, mit Gelenken versehen und in Kerben am Unterkörper eingesetzt. Oft hatten sie deutlich geformte Fußgelenke und Waden. Die Augenbrauen der frühen Puppen waren sozusagen eingraviert und setzten sich aus vielen kleinen Punkten zusammen. Die Puppen erhielten eine verstärkte Brustform, offenbar um den Kleidern der Zeit einen besseren Sitz zu geben. Der eigentliche Körper blieb unbehandelt. Die Perücke war am Kopf angeheftet oder angenagelt, und manchmal konnte man einen schwarzen Fleck auf der Wange finden, der damals als Schönheitsmerkmal galt.

Der Stil änderte sich über die Jahrzehnte. Details wurden offenbar zugunsten der Massenproduktion geopfert. Die späteren Puppen sind weniger realistisch als

OBEN: Holzpuppe vom Typ Queen Anne von 1815, Kopf mit Gips überzogen, schwarze Emailleaugen ohne Pupille, schmale gemalte Lippen, kräftig getönte Wangen, mit Gelenken versehene Gliedmaßen, von denen die untere Hälfte weiß bemalt wurde, gemalte grüne Schuhe und eine Echthaarperücke. (Granny's Goodies, London)

die früheren und lassen von der Handwerkskunst her zu wünschen übrig. Ihre Gesichter sind auf einem einfachen Rumpf aus Gips geformt, was natürlich leichter war als das mühsame Schnitzen der früheren Puppen.

Stiftpuppen oder holländische Puppen

Die sogenannten 'Stiftpuppen' oder 'holländische Puppen' stammen nicht aus Holland, sondern kommen aus Österreich. Zu Beginn des 19. Jahrhunderts finden wir bei der Puppe den gestreckten Körper, löffelähnliche Hände, Hüft- und Kniegelenke, mit Gips überzogene untere Beine mit angemalten Schuhen. Diese Puppen sind auch unter dem Namen 'Pfennigholz' oder 'Nürnberger Filles' bekannt und kommen aus Bayern und Tirol. Der Kopf und der Körper sind im allgemeinen genau herausgearbeitet, und das Gesicht ist fein bemalt, was auf Sorgfalt und Können schließen läßt. Sie erinnern nicht an billiges Spielzeug, das schnell abgesetzt wurde. Auch die Haare sind außergewöhnlich gründlich aufgemalt, mit Details wie kleinen Locken rund ums Gesicht. Die Puppen gibt es in allen Größen von 15 cm bis 60 cm. Es existieren auch auffallend kleine Exemplare, ein paar passen sogar in eine Walnußschale. Manche wurden mit einem geschnitzten Kamm auf dem Kopf hergestellt, der fast immer gelb angemalt wurde. Der Name 'Steckkammpuppen' wurde ihnen von Sammlern gegeben. Diese Puppen wurden, mit verschiedenen Variationen, über fünfzig Jahre lang

RECHTS: Späte Stiftholzpuppe, 55 cm groß mit grob angemaltem Gesicht, mit Gelenken versehener Körper und grob bemalte Unterarme. Die Beine enden stumpf. Die Puppe ist außergewöhnlich gut und zeitgemäß gekleidet, aber es ist nicht die Originalbekleidung. (Sammlung der Autorin)

hergestellt. Genaue Datierungen sind daher schwierig. Ende des 19. Jahrhunderts nahmen die holländischen Puppen einen völlig anderen Charakter an. Die frühe feine Gesichtsstruktur und -bemalung verschwand. Um den Anforderungen einer Massenproduktion und einer größeren Käuferschicht gerecht zu werden, wurden die Puppen mit einem stabilen Kopf versehen, der mehr die Form eines Knaufs besaß. Sie waren nur grob angemalt, hatten schwarze Haare, Punkte statt Gesichtskonturen und rote Kleckse statt Wangen. Kopf und Körper waren aus einem Stück Holz, aber der Rumpf war wesentlich kürzer; Arm- und Beinformen waren nur im Ansatz zu erkennen, und die Hände wiesen keine Details auf.

HAUSIERERPUPPEN

Es wurde zur allgemeinen Gewohnheit, die Stiftpuppen mit einem kleinen Bauchladen oder einem Korb zu versehen, in dem viele Waren ausgebreitet waren; das waren die sogenannten Hausiererpuppen. Eine Originalsammlung kann ein faszinierendes gesellschaftliches Dokument des Alltags aus der Zeit der jeweiligen Puppe abgeben, denn viele fahrende Händler (oder Hausierer) boten sämtliche Waren an, von Baumwolle, Töpfen, Pfannen, Nähzeug bis hin zu Handtaschen, Bildern und religiösen Artikeln. Manchmal stammen die Bauchläden nicht aus derselben Zeit wie die Puppen. Man findet männliche wie weibliche Hausiererpuppen.

SCHOENHUT-HOLZPUPPEN

Der Name Schoenhut fällt einem ein, wenn man von den späteren Holzpuppen spricht (vgl. Amerikanische Puppen, S. 79). Albert Schoenhut wurde 1850 in Deutschland geboren und wanderte mit 17 Jahren nach Amerika aus. Sein hölzerner Humpty-Dumpty-Zirkus ist vielleicht seine beliebteste Schöpfung, aber die Schoenhut-Puppen besitzen eine eigentümliche Anziehungskraft, da sie beweglich sind wie Künstlerpuppen und sanfte, drollige Gesichter besitzen.

SAMMELN VON HOLZPUPPEN – WO BEGINNEN?

Frühe Holzpuppen sind nichts für Sammler mit begrenztem Budget. Die frühen Exemplare werden sehr teuer gehandelt und gehören in den oberen Bereich der Puppen, wenn man eine Werteskala anlegt. Die Schoenhutpuppen rangieren etwa in der Mitte, weil sie zu den späten Puppen gehören und leichter zu finden sind, zumindest in Amerika. Holzstiftpuppen aus dem späten 19. Jahrhundert und frühen 20. Jahrhundert befinden sich im unteren Bereich der Preisskala.

CHINA-PORZELLANPUPPEN

Puppen mit Porzellanköpfen, aus harter Porzellanmasse hergestellt, mit ihrem Hochglanz und den faszinierenden Frisuren begeistern die Sammler und bieten gleichzeitig einen breiten sozialgeschichtlichen Hintergrund für den Sammler.

Wie bei Papiermachépuppen (s. S. 39) wurden die Köpfe oft einzeln verkauft und die Körper dann von Müttern oder Kindermädchen angefertigt. Auch heute findet man Porzellanköpfe noch lose. Sie werden gern gesammelt. Die meisten sind nicht gekennzeichnet, findet man einen markierten, wird das wie ein Bonus gewertet.

Porzellanpuppen wurden von 1830 an hergestellt. Die Produktion zog sich weit bis über 1900, und doch wissen wir über die Porzellanpuppen wenig. Dadurch lassen sich auch schwerer die Herstellungsdaten bestimmen.

UNTEN: Frühe glasierte Porzellanpuppe mit rosa getöntem Kopf und Schultern, 15 cm, unmarkiert. Die fein modellierten Schillerlocken hängen gerade nach unten. Der Kopf stammt möglicherweise von 1840.

NÄCHSTE SEITE: Vier Schulterpuppenköpfe aus glasiertem Porzellan mit schwarzen gemalten Haaren. Von links nach rechts: 10-cm-Schulterkopf mit zwei Nählöchern, Haare etwas in die Stirn, blaue gemalte Augen, rote Augenlidstriche, um 1890; 10-cm-Schulterkopf mit drei Nählöchern, Haare hinter den Ohren, ungewöhnliche Frisur (1880); 12,5-cm-Schulterkopf mit drei Nählöchern, 24 geformten Locken rund um den Kopf, sonst einfach gehalten, deutliche Gesichtsbemalung, kräftig getönte Wangen und rote Augenlidstriche (1860 – 70); 10-cm-Kopf mit zwei Nählöchern und tief heruntergezogenen Schultern, 10 geformten Locken und kräftig getönten Wangen (1860 – 70). (Sammlung der Autorin)

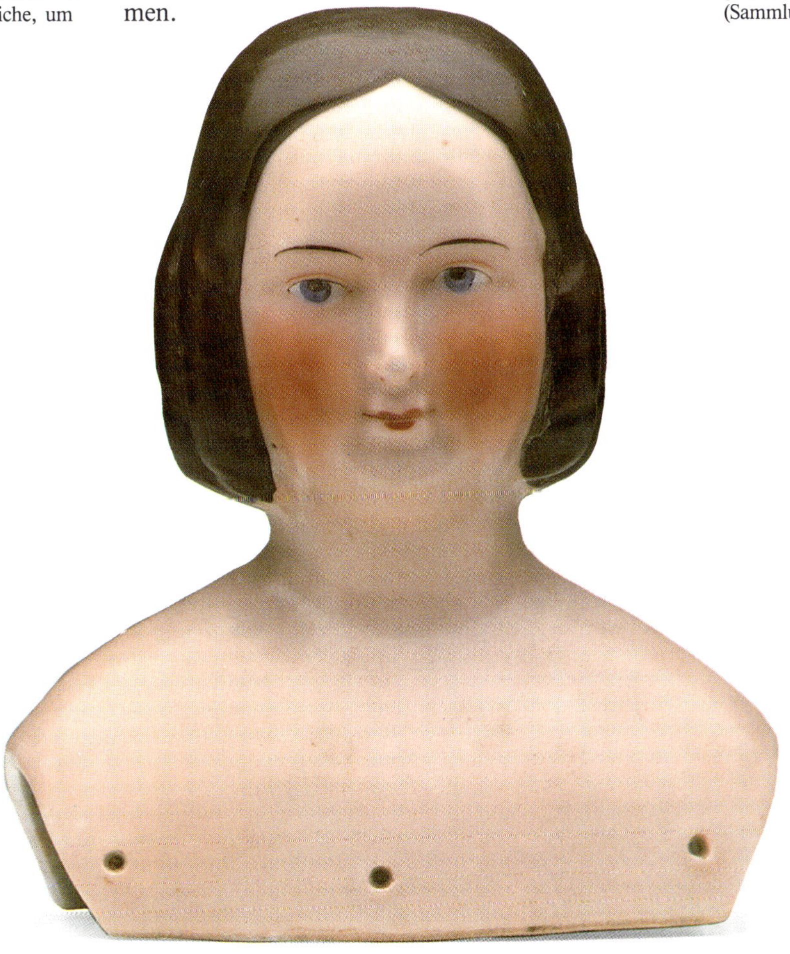

Körper

Da bei den Porzellanpuppen häufig nur die Köpfe gekauft werden konnten und die Körper zu Hause angefertigt wurden, findet man viele Puppen mit groben Körpern, die in der Form variieren, je nachdem wie geschickt die liebenden Hände waren, die sie herstellten. Andere Porzellanpuppen erhielten einen vorgefertigten Holzstiftkörper mit Gelenken, an die Porzellanarme (ab Ellenbogen) und Porzellanbeine (ab Knie) angesetzt wurden. Aber diese Körper sind selten. Einige Porzellanpuppen haben einen vorgefertigten steifen Lederkörper mit Lederarmen und -händen. Meistens sind sie derart unbeweglich, daß man sie nicht ersetzen kann. Andere erhielten vorgefertigte Stoffkörper, hatten dann aber Porzellanarme mit gut geformten Fingern und Porzellanbeine mit angemalten schwarzen Stiefeln, Schnürsenkeln und Schleife, meist in Rosa gemalt. Nicht alle Stiefel wurden in Schwarz gemalt — es finden sich auch andere Farben wie Orange und glänzend

Purpurrot. Hat ein Sammler einen guten Porzellankopf erstanden, so kann er selbst eine Puppe daraus machen, zumindest, bis er einen passenden alten Körper findet.

Herstellung der Porzellanköpfe

Für die meisten Köpfe wurde flüssiger Porzellan-'Schlicker' in Formen gegossen. Man konnte aber auch ausgerollte Masse in Formen drücken. Gegossene Köpfe sind innen ziemlich glatt, wärend die anderen uneben sind. Manche Porzellanköpfe werden von den Sammlern als 'glänzend rosa' bezeichnet und sind am begehrtesten. Dieser sogenannte rosa Glanz ist ein rosafarbener Emaillelack, den man erhält, indem man Gold dünn über die rosa Farbe des Kopfes streicht. Im allgemeinen wurden die Köpfe mit dem kräftigen Glanz früher hergestellt und die mit blassem später. Aber natürlich gibt es auch Ausnahmen zu dieser Regel.

Die Köpfe wurden an die Stoffkörper angeklebt, aber auch angenäht (dafür die vorgefertigten Nählöcher an dem Schulterstück) oder genagelt, ebenfalls durch diese Löcher. Im allgemeinen wird geglaubt, daß diese Löcher ein Zeichen für das Alter einer Puppe sind, und die meisten Sammler sind überzeugt, daß Porzellanköpfe mit drei Nählöchern zu den frühen Exemplaren gehören. Jedenfalls haben einige Porzellanpuppen vorne drei und hinten zwei Löcher, was diese Theorie widerlegt. Aber die drei Löcher waren wohl wegen des schrägen Schulterstücks notwendig. Man hat sogar einige frühe Puppenköpfe mit vier Nählöchern gefunden. Außerdem soll noch darauf hingewiesen werden, daß eine Gußform, wenn das Gesicht gut ankam, über eine längere Zeitspanne verwendet wurde; so könnte zum Beispiel eine Puppe, die 1850 zum ersten Mal hergestellt wurde, noch in 1865 angefertigt worden sein. Deshalb ist es so schwer, exakte Jahreszahlen anzugeben.

RECHTS: Rosa glasierte Porzellanpuppe mit Schulterkopf, 65 cm, Lacmann-Körper mit langen Beinen, roten Lederarmen und detaillierten Händen. Sie trägt ihre ursprüngliche Kleidung. Der Kopf hat leichte Locken über den Ohren, rote Augenlidstriche und schräge Schultern mit drei Nählöchern vorne und hinten, 1860. (Sammlung der Autorin)

Deutsche und dänische Porzellanpuppen

Einige der bekannten Porzellanfabriken der ersten Hälfte des 19. Jahrhunderts, wie Meissen, Königlich Kopenhagen und Königliche Porzellan-Manufaktur (KPM) in Berlin, stellten Porzellanköpfe her. Es gab auch noch einige andere, die zumeist ungekennzeichnete Exemplare produzierten. Die Qualität der Modellierung, der Bemalung und der Handwerkskunst bei diesen frühen Puppen ist hervorragend. Die Köpfe hatten gemaltes braunes oder schwarzes Haar, gemalte Augen und einen rosa Glanz im Porzellan, der die Hauttöne warm erscheinen ließ. Spätere Porzellanpuppen bekamen Glasaugen, und Kahlköpfige, die Perücken erhielten, wurden zwischen 1845 und 1860 entwickelt. Oben auf dem Kopf hatten sie einen schwarzen Fleck, ähnlich wie die Papiermachépuppen aus derselben Zeit. Sammler nennen sie Biedermeierpuppen. Die frühen Porzellanpuppen hatten schräge Schultern und feine, detaillierte Frisurformen; rosa oder rotgerougte Wangen verleihen ihnen zusätzlichen Charme. Ein sehr seltener früher Typ besteht aus einem Porzellankopf und einem Holzstiftkörper mit Gelenken und Porzellanarmen und -beinen.

Frozen Charlottes oder Frozen Charleys (1850 – 1914)

Diese Puppen, die ganz aus glasiertem Porzellan hergestellt wurden, waren auch als Badepuppen bekannt. Gewöhnlich wurden sie mit ausgestreckten Armen und geballten Fäusten hergestellt. Es gab sie in verschiedenen Größen, von klein bis 50 cm. Ihre Frisuren waren gemalt. Manche hatten kurzes schwarzes oder blondes gebürstetes Haar, andere geformte Frisuren wie kleine Mädchen. Es gibt Exemplare mit geformter Kleidung, allerdings selten, und manche mit geformten Stiefeln oder Hüten. Das Porzellan dieser unbeweglichen Charlottepuppen ist entweder weiß oder rosa gefärbt. Wie andere Porzellanpuppen sind diese auch reproduziert worden, doch meistens wirken sie zu makellos. Bei vielen der alten Puppen ist schwarzer Brennstaub mit ins Porzellan eingebacken. Oft kann das ein Hinweis auf Echtheit sein. Besonders bei diesen Puppen ist lange Erfahrung der beste Schutz vor Reproduktionen und Fälschungen. Anfänger sollten sich beraten lassen.

Französische Chinaporzellanpuppen oder glasierte französische Modepuppen

Sammler haben verschiedene Ansichten, wie diese Puppen einsortiert werden sollten. Einige finden, sie gehören zu den Porzellanpuppen wegen des lackierten Porzellans, andere meinen, sie müßten wegen der Form, des Stils und des Designs als französische Modepuppen betrachtet werden, denn die starke Glasur sei Zufall. So ist es jedem Sammler überlassen, wie er diese Puppen einordnet.

Französische Porzellanpuppen unterscheiden sich sehr im Stil und haben feinere, weichere Gesichtszüge. Hu-

UNTEN: Blondhaarige Porzellanköpfe. Links. 15 cm großer, glasierter Porzellankopf mit tiefgezogener Augenbraue und welligem Haar bis in die Stirn, feine Gesichtsbemalung mit rotem Augenlidstrich, drei Nählöcher (1890 – 1900).
Rechts. 12 cm Porzellankopf mit zwei Nählöchern, kindlichem Gesicht, Ohren fast frei, oft als Junge oder für männliche Puppen verwandt (ca. 1880). (Sammlung der Autorin)

ret, Romer, D'Autremont und Barrois gehören zu den bekannten Namen französischer Patentinhaber zwischen 1850 und 1860. Diese Puppen sind tatsächlich vom Äußeren her Modepuppen und gehören zu den Vorläufern der allgemein bezeichneten französischen Modepuppen. Ihre kommerziell hergestellten Körper sind aus verschiedenen Materialien – Leder, Leder und Holz, Guttapercha oder Blech – und wurden oft vom Hersteller gekennzeichnet. Hurets und Rohmers sind bei den Sammlern besonders begehrt. Sie unterscheiden sich von den deutschen Porzellanpuppen stark im Design: außer dem feineren Design haben sie auf ihren geöffneten Hinterköpfen, zum Einsetzen der Glasaugen, eine Korkschädeldecke, auf denen die Perücken befestigt wurden. Die Köpfe wurden durch die Nählöcher auf die Körper genagelt. Um 1850 wurden auch drehbare Köpfe produziert.

RECHTS: 'Autoperipatetikos'-Laufpuppe zum Aufziehen. Auf dem Schulterstück steht: 'Patentiert 15. Juli 1862 und in Europa 20. Dez. 1862'. Sie hat Lederarme, metallene Füße und trägt ihr ursprüngliches Kleid. (Chelsea Lion, London)

Frisuren

Viele Leute sammeln Porzellanpuppen wegen ihrer unterschiedlichen Frisuren, denn es gibt eine fast grenzenlose Vielfalt. Dazu gehören geflochtene Kronen, Mittelscheitel, freie Ohren mit Knoten im Nacken (wie die junge Königin Viktoria), 'Spanielohren'-Frisur mit den Strähnen an der Seite und die Frisur mit Mittelscheitel und 13 Schillerlocken rund um den Kopf bis in den Nacken. Manche Frisuren haben einen glatten Rand, was ein wenig streng wirkt, während andere locker wellig geformt sind, was lieblicher wirkt. Manche Frisuren reichen bis tief in den Nacken, andere enden schon sehr hoch. Für den Sammler ist es sicherlich schwer, nicht gekennzeichnete Puppen zu identifizieren. Außerdem ist nicht bekannt, wie und ob sie zu jener Zeit bezeichnet wurden. Mit den Jahren haben die Sammler den einzelnen Frisuren Namen gegeben, so heißt zum Beispiel der Porzellankopf mit Haarnetz 'Mary Todd-Lincoln'. Es gibt aber keinen Nachweis dafür, daß dieser Kopf tatsächlich ein Porträt der Dame war, aber ihr Name bleibt damit verbunden.

Verzierungen

Die verzierten Porzellanpuppen mit exotischen Zügen waren bestimmt ein Versuch, neue Kunden anzulocken. Dabei blieb nichts unversucht. Schmuck aller Art wurde an den Köpfen mit geformt — Knoten, Federn, Blumen, Bänder und Haarnetze, also Haarschmuck aller Art. Dafür wurden verschiedene Farben benutzt, am häufigsten Gold. Eine schwarzhaarige Porzellanpuppe erhielt ein goldenes Netz oder eine blonde bekam ein schwarzes. Porzellanköpfe in verschiedenen Formen und mit verschiedenen Frisuren wurden auf 'Autoperipatetikos'-Körper befestigt (vgl. Mechanische Puppen und Automaten, S. 46). Ein besonderer Puppentyp mit niedriger Schleife ist unter den Sammlern als 'Kaiserin Eugénie' bekannt.

Es gibt so viele verschiedene Porzellanpuppen, daß man annehmen muß, sie waren sehr beliebt. Ihre Haltbarkeit hat sie offensichtlich begehrenswert gemacht, denn obwohl sie zerbrechlich waren, konnten sie doch gewaschen werden, zerkratzten nicht und verloren auch nicht ihre Farbe. Außerdem darf man nicht vergessen, daß Kinder kein Spielzeug im Überfluß besaßen.

Späte Porzellanpuppen — Von 1860 An

Der Stil und die Form der Porzellanpuppen veränderte sich mit der Zeit. Der auffallendste Unterschied war in der Haarfarbe: während bisher dunkelbraun und schwarz gewählt wurde, tauchte plötzlich blond auf. Es ist interessant, darüber zu spekulieren, warum es dazu kam. Wollten die Hersteller ihr Angebot durch Neuerungen vergrößern? Oder wollten sie damit eine völlig andere Nachfrage decken?
Von honigblond und rotblond bis zu dunkelblond traten sämtliche Blondtöne auf. Gleichzeitig veränderte sich auch der Gesichtsausdruck der Puppen. Sie wurden kindlicher, mit Pausbacken und kürzeren Hälsen. Jungen und Männer wurden mit Seitenscheitel dargestellt. Wollte man mehr Kinder ansprechen? Die Qualität der Herstellung einschließlich der feinen Gesichtsbemalung blieb unverändert. Die Haare waren kurz, und die sogenannten Lockenkopfpuppen, die über den ganzen Kopf verteilt bis in die Stirn Locken hatten, kamen auf. Es gab die 'Dolly Madison'-Frisur mit Knoten, die sogenannte 'Hochland-Mary' mit Pony und die 'Prinzessin Alexandra' mit Netz. Die Puppe gleicht der 'Kaiserin Eugénie', nur die Kaiserin hat Ohrringlöcher und die Prinzessin nicht. Eine andere Puppe ist bekannt als 'Currier und Ives'; sie trägt ein Haarband auf dem Kopf, das sehr weit bis in die Stirn reicht. Ihr gleicht die Lockenkopfpuppe, die aber das Haarband weiter nach hinten trägt. Unter den bekannten deutschen Puppenmachern, die Porzellanpuppen herstellten, waren Cuno und Otto Dressel, Kestner, Kling und Heubach.
Um 1900 war das Zeitalter der frühen Porzellanpuppen vorbei, und andere Puppen traten an ihre Stelle. Die Qualität war gesunken, und es würde dem Puppensammler überlassen sein, das Interesse an den einst beliebten Puppen wiederzuerwecken.
Selbst unter den Sammlern in Europa sank vor ein paar Jahren die Beliebtheit der frühen Porzellanpuppen wegen einer wahren Flut von Reproduktionen. In Amerika waren sie sowieso nicht so gefragt wie die feinen Puppen aus zweimal gebranntem Porzellan, dem sogenannten 'Biskuitporzellan'. Diese Faktoren drückten zu Unrecht auf den Preis der frühen Porzellanpuppen. Obwohl ihre Beliebtheit und ihr Preis jetzt gestiegen sind, sind sie auch für den Sammler noch attraktiv.

Porzellanpuppen — Wo Beginnen?

Puppen für begrenztes Budget. Die späten glasierten Porzellanpuppen haben einen niedrigeren Preis als die früheren, und kleine Porzellanpuppen mit einfachen Frisuren lassen sich preiswert erwerben.

Mittlere Preisskala und Porzellanpuppen von höchster Qualität. Für die frühen Puppen zahlt man einen höheren Preis, und die Porzellanpuppen mit den aufwendig anmodellierten Frisuren und den Glasaugen sind am teuersten.

PARIANPUPPEN

Die meisten Puppenköpfe werden aus einem feinen, matten Porzellan hergestellt, das Biskuit genannt wird. Parian ist eine Art zweimal gebranntes Porzellan.
Der United Federation of Doll Clubs (UFDC) in den USA definiert Parian als nicht glänzendes Porzellan ohne Tönung. Das Wort Parian wird abgeleitet von der griechischen Insel Paros, wo weißer Marmor gefunden wurde. Mit Parian wurden alle weißen, marmorähnlichen Stücke bezeichnet, wie zum Beispiel Figuren, und das Material wurde bald von Porzellanherstellern für

RECHTS: Seltene Parianpuppe mit Schulterkopf, die sogenannte 'Prinzessin Augusta Victoria' mit wunderschön geformter aufwendiger Frisur, Ohrringlöchern und modelliertem Kragen mit einem Kreuz (1870). (Sammlung der Autorin)

Puppen benutzt: die sogenannten Parianpuppen wurden zwischen 1850 und 1888 angefertigt.
Die Parianpuppen sollen aus Deutschland kommen und in Dresdener Manufakturen und in anderen Teilen Deutschlands hergestellt worden sein. Schriftliche Beweise für diese Annahme wie Arbeitsanweisungen oder Kataloge sind nie gefunden worden. Waren die Puppen nicht wertvoll genug, um in Verkaufskataloge aufgenommen zu werden? Das ist unwahrscheinlich, da die Qualität des Entwurfs, der Modellierung und der Ausführung so besonders gut war. Vor kurzem sind ein paar Neuigkeiten ans Licht gekommmen, die die Herkunft der meist blondhaarigen 'Dresdner Köpfe' bestätigen.
Einige Hersteller, die Parian verarbeiteten, kennzeichneten ihre Waren. C.F. Kling & Co. (1834 – 1925) aus Ohrdruf in Thüringen, die ganze Porzellanpuppen mit Gelenken herstellten, kennzeichneten ein paar ihrer blondhaarigen Köpfe mit einem 'K' in einer Glocke. Unter dem Glockenzeichen befanden sich außerdem Nummern, '148 o', 186.5', '189 3' und '123 2' und so weiter. Simon & Halbig (1869 – 1930) aus Gräfenhain in Thüringen stellte ebenfalls Parianpuppenköpfe mit geformten blonden Haaren und feiner Bemalung her. Diese sind im allgemeinen mit S&H gekennzeichnet. Dernheim, Koch & Fischer (1860 – ca. 1900) aus Gräfenroda in Thüringen stempelten ihre Waren mit DKF. Sie stellten Pariaköpfe her, besonders nennenswert ist einer mit Blumendekoration, bei dem jedes einzelne Blütenblatt für sich geformt wurde. George Borgfeldt & Co. (1881 – 1928) aus New York und Berlin stellte Puppen her und importierte sie. Er schenkte dem Stadtmuseum von New York eine Parianpuppensammlung, von denen einige folgende Kennzeichen trugen: '5E', '2K3', '5M5', 'G' und '505'.
Die Kennzeichen befinden sich entweder innen oder auf der Rückseite des Schulterstücks. Pariaköpfe wurden ähnlich wie Porzellanköpfe lose verkauft. Interessanterweise sind einige Porzellan- und Parianpuppen offenbar mit ein und derselben Form hergestellt worden. Die Parianpuppen sehen jedoch realistischer aus, weil sich Hauttöne und -struktur mit diesem Material besser wiedergeben lassen.
Die Gesichtsbemalung der Parianpuppen ist ausgezeichnet und die Augen, im allgemeinen gemalt, sind meistens blau. Braunäugige Parianpuppen sind selten. Sie waren zu ihrer Zeit wohl weniger beliebt. Manchmal findet man Parianpuppen mit Glasaugen. Seltene Exemplare kennzeichnen oft einen geringeren Beliebtheitsgrad der Puppen, von denen wiederum nur wenige angefertigt wurden. Eine Ausnahme sind hierbei natürlich die frühen Puppen. Beliebte Puppen wurden meist in größerer Anzahl hergestellt, deshalb finden wir auch heute noch reichlich davon. Ironischerweise sind die Puppen, die damals weniger beliebt waren, heute selten zu haben und daher die geschätzteren und teureren Sammlerobjekte.

RECHTS: 'Gräfin Dagmar', Parianpuppe: Schulterkopf, 42,5 cm, mit fein modelliertem Haar, blauen gemalten Augen mit roten Augenwinkeln und rotem Augenlidstrich. Sie hat eine anmodellierte Bluse, gefüllten Stoffkörper, Biskuitunterarme und -unterschenkel mit schwarz gemalten Stiefeln, roter Spitze und blau gemalten Schnürsenkeln. (Sammlung der Autorin)

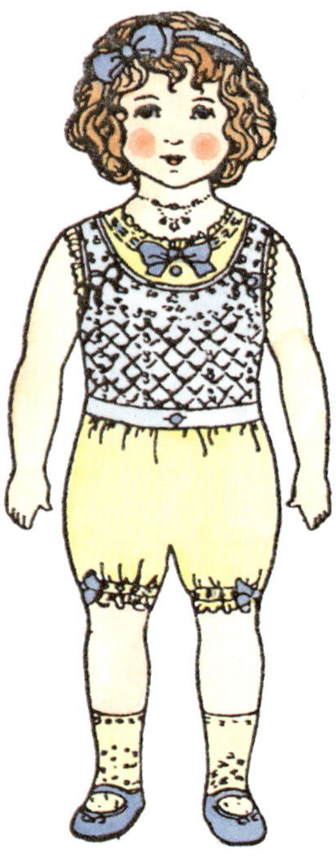

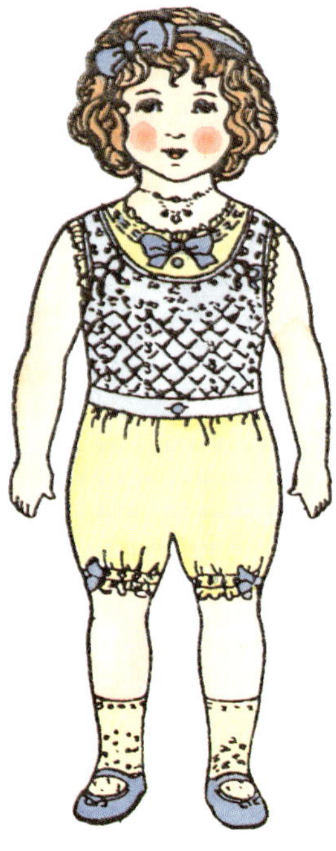

SECOND PRIZE
UNITED FEDERATION OF DOLL CLUBS
10th Annual Exhibition
Kansas City 1959
PORTMAN INTERNATIONAL ANTIQUE
SECOND
DOLLS, TOYS & MINIATURES FAIR

Körper

Parianköpfe findet man mit genauso vielen verschiedenen Körpern wie bei den glasierten Porzellanköpfen. Manche haben selbstgemachte Körper, während andere kommerziell gefertigte Körper aus Stoff mit Pariangliedern erhielten. Ganz selten haben die Stoffkörper auch Arme und Beine aus Stoff.

Erkennungsmerkmale der Parianköpfe

Ähnlich wie bei den Porzellanköpfen brauchten die Sammler Bezeichnungen, um die unmarkierten Parianpuppen zu unterscheiden. Deshalb erhielten sie Namen wie die Porzellanpuppen: 'Dolly Madison' (1870 – 80), 'Gräfin Dagmar' mit blondem und schwarzem Haar (um 1870), 'Kaiserin Eugénie', 'Prinzessin Alexandra', 'Alice im Wunderland', 'Jenny Lind' (um 1860), 'Highland Mary', 'Mary Todd-Lincoln' und 'Adelina Patti'.
Bestimmte Köpfe sind jedoch nur bei den Parianpuppen zu finden. Entweder wurden sie von anderen Herstellern produziert, oder ihr Entwurf eignete sich besser für Parian. Es gibt weitaus mehr aufwendig verzierte Parian- als Porzellanköpfe. Die Parianpuppen 'Kaiserin Eugénie' werden manchmal auch 'Lucy' genannt. Dieser wunderbare Kopf mit der silberweißen Feder und der glänzend purpurroten Quaste hat ein fein modelliertes und klar strukturiertes Gesicht.
Man findet auch Parianpuppen mit Glasaugen. Sie sind am meisten gefragt und werden teuer gehandelt. Einige der wertvollsten Parianpuppen haben aufwendig geformte Halskrausen und ausgewählten Haarschmuck. Eine Puppe, die man nicht bei den glasierten Porzellanpuppen findet, ist die Puppe mit dem blauen Schal. Sie soll angeblich die Königin Luise von Preußen im Palast Schönbrunn darstellen. Diese Puppe wurde von Emma Clear in den USA zwischen 1940 und 1950 reproduziert und mit Name und Jahr versehen.
'Miss Liberty' ist ein seltenes Exemplar; sie hat eine glänzende Krone, Bänder, blondes oder braunes Haar, gemalte Augen oder Glasaugen und geformte Ohrringe oder Ohrlöcher. 'Prinzessin Augusta Victoria' (1870) gibt es auch als Parianpuppe. Sie hat einen modellierten Haarreif, hochgesteckte Locken, einen modellierten, gekräuselten Kragen und ein Kreuz. Den Puppentyp mit flachem Kopf gibt es als Parian- oder Porzellanpuppe. Sie stammt aus den Jahren 1840 bis 1850, hat eine flache Schädeldecke und rund um den Kopf von oben ab herunterhängende Schillerlocken. Diese Puppen haben entweder gemalte Augen oder Glasaugen. 'Amelia Bloomer' ist eine sehr interessante und seltene Parianpuppe, mit gemalten Augen und kurzem Haar. Es ist zwar nicht bekannt, ob diese Parianpuppe ein Porträt der berühmten Dame aus der amerikanischen Geschichte sein soll. Aber Amelia Bloomer (1818 – 94) war eine Vorkämpferin der Frauenrechte in den USA, deshalb wurde die Puppe möglicherweise mit kurzer Haartracht dargestellt.

Es gibt auch eine Reihe Steingutpuppen mit Hüten, Hauben und Knoten, die den Parianpuppen gleichen; eine darunter fällt besonders auf: Sie hat einen modellierten Pelzhut und Kragen. Steingut ist gröberes Material als Parian, da es aus weniger feingemahlenem Ton hergestellt wird. Diese Puppen besitzen oft interessante Gesichtszüge, aus diesem Grunde sind sie gefragt, nicht aber der Qualität ihrer Herstellung wegen.

Parianpuppensammlung – Wo beginnen?

Begrenztes Budget. Puppen mit einfachen Frisuren, gemalten Augen und weniger ausgearbeiteten Gesichtszügen sollten entsprechend preiswert sein. Die Steingutpuppen gehören manchmal in diese Gruppe, erreichen aber wegen ihres ausgefallenen Entwurfs häufig einen höheren Wert.

Mittlere und obere Preisklasse. Parianpuppen mit Glasaugen gehören in diese Kategorie. Allgemein gilt: je aufwendiger die Form, desto besser die Qualität. Außerdem schlägt sich auch die Kleidung im Preis nieder.

LINKS: Seltene Parianpuppe, 32,5 cm-Schulterkopf mit gemalten Augen und geformtem blondem Haar. Der Kopf ist leicht zur Seite gedreht. Sie ist der Pausbackentyp der kindlichen Parianpuppen mit Parianarmen, gefülltem Körper und glasierten Porzellanbeinen mit violetten 'Lüster-Stiefelchen'. Sie liegt in der Originalschachtel mit einem an das Kleid gehefteten Zettel, auf dem steht, daß sie einem Kind zu seiner Geburt am 9. Oktober 1864 geschenkt wurde. Auf dem Zettel an dem rot-weiß-blauen Band steht: 'Band im Bürgerkrieg erhalten'. Außerdem hat sie ein Band, auf dem steht: '2. Preis, 10. Jahresausstellung der United Federation of Doll Clubs Kansas City 1959' und noch eines: '2. Internationale Portman-Messe antiker Puppen, Spielzeuge und Miniaturen'. (Sammlung der Autorin)

WACHSPUPPEN

Seit dem Mittelalter gilt Wachs in Europa als künstlerisches Ausdrucksmittel. Begräbnisbilder und Blumengestecke wurden oft aus Wachs hergestellt. Im 18. Jahrhundert hatte es sich in Europa und den USA als Material zur Puppenherstellung durchgesetzt.

Wachspuppen gehören sicher zu den schönsten Puppen, die sich dem Sammler anbieten (vgl. Englische Wachspuppen, S. 74). Mit Wachs lassen sich natürliche Hautfarben lebensecht wiedergeben, was mit Parian nicht gut möglich ist.

Da Wachs ein weiches, leicht zerstörbares Material ist, haben viele Exemplare nicht überlebt. Vor Anfang des 19. Jahrhunderts wurden manche Puppen von Mäusen angenagt, bis die Hersteller dem Wachs einen Stoff beimischten, den Nagetiere nicht mochten. Manche Wachspuppen schmolzen, weil sie zu nah beim Feuer saßen, und andere wurden einfach zerdrückt.

Im Gegensatz zum allgemeinen Glauben schmelzen Wachspuppen nicht in warmen Räumen, aber läßt man sie an einem sonnigen Fenster sitzen, verblassen die Farbpigmente, und das Wachs wird weiß, außer an bedeckten Körperstellen.

WACHSPUPPENHERSTELLUNG

Im 18. und 19. Jahrhundert hatten die besseren Puppen einen festen Wachskopf, Wachsgliedmaße und gefüllte Stoffkörper.

Für einen Wachskopf wurde von einer Skulptur eine Negativ-Form angefertigt, erwärmt und mit flüssigem Wachs ausgegossen, manchmal in zwei oder drei Lagen. Oft wurde Bleiweiß oder Karminrot als Farbe beigegeben. Sobald das Wachs fest war, nahm man die Form ab, um die Feinarbeiten auszuführen. Für die Glasaugen wurden Löcher ausgeschnitten. Die Wimpern wurden angeklebt, und die Haare in Bündeln im Wachs befestigt. Der Kopf wurde mit Kartoffelmehl bestäubt und mit Alabaster oder Bimsstein geglättet. Danach wurden die Wangen mit Rot getönt und die Lippen und Nasenflügel mit Zinnoberrot betupft. In das Bruststück bohrte man Löcher, damit der Kopf an einen Körper genäht werden konnte. Arme und Beine wurden in gleicher Weise hergestellt und angenäht.

RECHTS: Englische, gegossene 'Pierotti'-Wachspuppe, 60 cm groß, mit Glasaugen. Der Körper ist mit Roßhaar gefüllt. Die Gliedmaßen sind ebenfalls aus gegossenem Wachs. Kleid und Hut sind aus dünnem Taft und Spitze. (Sammlung der Autorin)

OBEN: Wachspuppe mit Papiermachéschulterkopf und Haarschlitz. Sie ist 47,5 cm groß. (Sammlung der Autorin)

RECHTS: Wachspuppe mit Papiermachéschulterkopf und festgeklebten blauen Augen. Perücke aus Angorahaar und Gliedmaßen aus wachsiertem Papiermaché. Sie ist 72,5 cm groß und trägt ihre Originalkleidung. Wahrscheinlich Französisch, um 1870.

In Wachs getauchte Puppen

Wachs ist ein teures Material, und als man Mitte des 19. Jahrhunderts zur Massenproduktion überging, mußte man billigere Herstellungsmethoden finden. Deshalb tauchte man einen vorgefertigten Papiermachékopf in Wachs.
Manchmal wurden diese Papiermachéköpfe an den Körper angeklebt. Das Wachs der gegossenen Wachspuppen hat vom kräftigen bis hin zu blassem Rosa sämtliche Hautfarbtöne. Nur die frühen Puppen aus reinem Bienenwachs haben die verräterische gelbe Gesichtsfarbe. Leider haben die Puppen, die zu viel mit Bimsstein bestäubt wurden, mit den Jahren eine schmutziggraue Farbe bekommen, weil sich der Bimssteinstaub verfestigte und verfärbte. Es wird schwer sein, ihn zu entfernen. Man sollte es einem Experten überlassen.

Puppenköpfe mit Schlitz

Von den frühen in Wachs getauchten Puppen wissen wir wenig und werden auch nie viel erfahren, aber ihr Charme und ihre Locken verbinden ihre Vergangenheit mit unserer Gegenwart. Diese frühen Puppen hatten oben auf dem Kopf oft einen Schlitz, durch den das Haar gesteckt und von dort aus nach unten hin festgeleimt und zu Locken geformt wurde. Manche haben sogar ein Loch im Hinterkopf, über dem ein Papiermachéstück befestigt ist. Es war offenbar notwendig, um die Augen einzusetzen. Meistens wurde es mit Wachs bedeckt und die Perücke darüber geklebt. Die Glasaugen der Wachspuppen vor 1850 waren ohne Pupillen und sehr dunkel, fast schwarz. Manche Exemplare haben bewegliche Augen, die mit Hilfe eines Drahtes, der in Taillenhöhe aus dem Körper guckt, geöffnet und geschlossen werden können. Sie kamen etwa um 1825 auf. Die Augenbrauen wurden vor dem Eintauchen in Wachs auf das Papiermaché gemalt. Wachsierte Puppen haben oft sehr rissige Gesichter. Da sich die Papiermachélage unter dem Wachs je nach Jahreszeit ausdehnte und zusammenzog, riß das Wachs auf der gesamten Oberfläche. Ideal ist für diese Puppen eine gleichbleibende Temperatur, wie wir sie heute bei der Zentralheizung haben, aber für manche Puppen ist es zu spät. Restauriert man sie, verlieren sie ihren Liebreiz.
Balg, Beine und Füße dieser Puppen sind grob gestopft, dabei drehen sich die Füße meistens leicht nach innen. Die Arme sind aus Leder. Merkwürdigerweise haben die Puppen mit den braunen Lederarmen meistens nur drei Finger an jeder Hand, während die mit den weißen Armen fünf haben. Bei den meisten Exemplaren sind die Locken noch intakt. Man wundert sich direkt über die Handwerkskunst, die die Haltbarkeit über ein Jahrhundert ermöglichte. Am auffallendsten ist das erstaunliche Lächeln dieser Puppen; es wirkt, als trügen sie seit über hundert Jahren ein Geheimnis bei sich.

Gegossene Wachspuppen

Die meisten reinen Wachspuppen wurden in England hergestellt, und viele von ihnen von bekannten Leuten wie Pierotti, Montanari, Marsh, Meech und Peck. Fast alle gegossenen Wachspuppen, also Puppen ohne Papiermachéunterlage, sind nicht gekennzeichnet. Die Sammler sprechen deshalb von Pierotti ähnlichen Puppen oder Montanari ähnlichen Puppen, weil man sie nicht mit Sicherheit voneinander unterscheiden kann. In seltenen Fällen trägt eine Montanari-Puppe in Handhöhe der unteren linken Seite des Körpers eine Unterschrift in brauner Tinte.
Ebenso selten sind gekennzeichnete Pierotti-Puppen, bei denen der Name auf die Rückseite des Kopfes geritzt wurde. Manchmal ist eine Puppe nur am Stempel des Spielwarengeschäftes Hamley zu erkennen, aber natürlich weiß man dann noch nicht den Hersteller.

LINKS: Seltene gegossene Wachspuppe um 1920, 60 cm groß. Ihre aus Wachs gegossenen Arme sind unbeweglich, nicht aber die Beine. Ihre Schuhe und die Unterwäsche sind anmodelliert. (Sammlung der Autorin)

Auch in Frankreich wurden Wachspuppen hergestellt, und Mitte des 19. Jahrhunderts war Sonneberg in Deutschland berühmt dafür. Fritz Bartenstein (1880 – 98) aus Hüttensteinach ist besonders bekannt geworden durch seine Puppe mit zwei Gesichtern, einem lachenden und einem weinenden. Der Kopf konnte durch Bewegen einer Kordel gedreht werden, und eine Kopfhälfte wurde von der Haube verdeckt. Auf S. 94 ist eine ähnliche Puppe. Er stellte diese Puppen auch aus wachsiertem Papiermaché her, nur verschwand das Gesicht nach oben unter eine Metallmütze. Der Körper war aus Pappe und trug manchmal den Bartensteinstempel in roter Tinte. Zu den frühen Wachs-Papiermachépuppen gehören auch die 'Kürbis-Kopf'-Puppen mit anmodellierter Frisur, gefülltem Körper und hölzernen Gliedmaßen, gemalten Füßen oder gemalten roten oder grünen Stiefeln und schwarzen Augen ohne Pupille.

UNTEN: Englische Wachsgußpuppe, 42,5 cm groß, mit gegossenen Wachsgliedmaßen. Sie ist ein später Pierottipuppen-Typ mit in das Wachs eingelassenen Haaren, Augenbrauen und Wimpern. Sie hat einen gestopften Original-Körper mit dem Stempel des Spielwarengeschäftes Hamley und ist tadellos erhalten. Sie trägt ihr ursprüngliches weißes Baumwollkleid, Unterwäsche und Strohhut. (Sammlung der Autorin)

Außerdem gehören zu dieser Gruppe auch die reizenden kleinen wachsierten Papiermachépuppen mit geformten Hüten, die oft vorne mit drei großen Federn versehen waren.
Um 1904 wurden nur noch wenige Wachspuppen in Sonneberg hergestellt, nur in England blieben sie populär. Die bekannte deutsche Firma Kestner (und Kämmer & Reinhardt) fertigte keine Wachspuppen an (die bekannte Puppe von Kämmer & Reinhardt 'Mein Liebling' war aus lackiertem Zelluloid). Um 1920 wurden Wachspuppen im allgemeinen für Ausstellungszwecke benutzt. In Paris eiferte 1925 Mme. T. Lazarsky dem englischen Beispiel nach. Die Puppen erschienen in der Presse und in Filmen. Die führenden Hersteller fertigten auch Wachspuppen als Schaufensterpuppen für Modegeschäfte.

OBEN AUSSEN LINKS: Puppe mit Papiermachéschulterkopf und aufgemalten 'napoleonischen' Löckchen, entsprechend der Sonneberger Puppe um 1840, und einem rosafarbenen, französischen Ziegenlederkörper. (Sammlung der Autorin)

UNTEN AUSSEN LINKS: Wachsierter Papiermachéschulterkopf mit anmodelliertem Hut um 1860, 37,5 cm groß. (Sammlung der Autorin)

LINKS: Gut erhaltene Puppe mit Wachs-Guß-Kopf und wachsierten Unterarmen, möglicherweise eine Bartenstein um 1880. (Sammlung der Autorin)

UNTEN RECHTS: Motschmanntyp-Puppe, 60 cm groß. Ein Teil des Oberkörpers ist aus Pappkarton mit Papiermachéüberzug. Der Unterkörper und die Schenkel sind sehr detailliert geformt und mit wachsierten Papiermachégliedmaßen versehen. (Sammlung der Autorin)

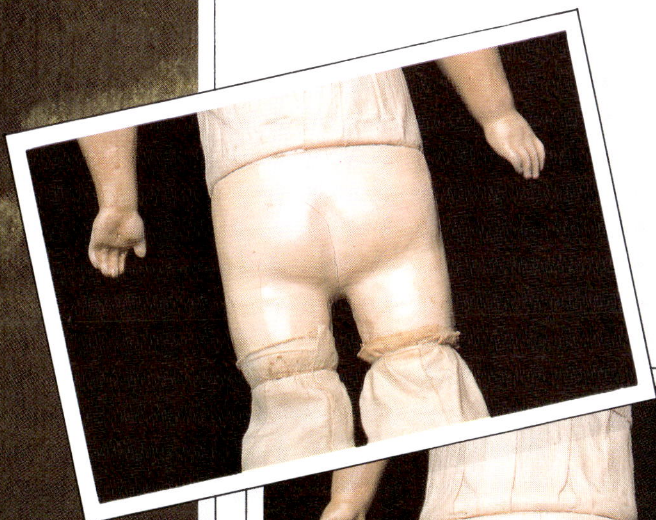

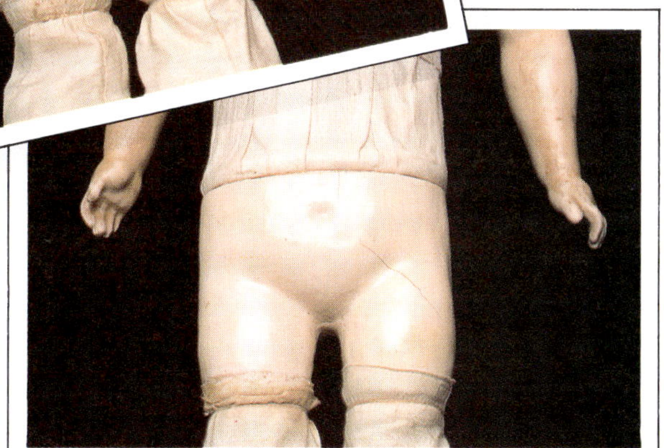

Wachspuppensammlung — Wo beginnen?

Puppen für begrenztes Budget. Frühe Puppen mit Haarschlitz auf dem Kopf sind in den letzten fünf Jahren nicht im Marktwert gestiegen und daher für den Anfänger mit begrenztem Budget interessant. Man kann viele Exemplare finden, jedes ist einzigartig. Zweifellos werden sie im Wert steigen, sobald sie von anderen Ländern, wie Japan zum Beispiel, entdeckt werden. Weniger gut erhaltene oder auch beschädigte Exemplare bekommt man bereits zu niedrigen Preisen.

Puppen im mittleren Preisbereich. Ausgezeichnet erhaltene Puppen mit guter Original-Kleidung und Schlitz auf dem Kopf findet man in der mittleren Preisklasse. Die gilt auch für 'Kürbis-Kopf'-Puppen, Puppen mit zwei Gesichtern und Puppen mit anmodellierten Hüten.

Puppen im oberen Preisbereich. Puppen aus gegossenem Wachs scheinen von Jahr zu Jahr im Preis zu schwanken, aber ein vollkommenes Exemplar mit Original-Kleidung wird immer einen höheren Preis erreichen als Stücke mit Rissen und ohne Kleidung. Die besten Puppen aus gegossenem Wachs bewegen sich im oberen Preisbereich. Die Restaurierung einer Puppe aus gegossenem Wachs, falls gut gemacht, drückt den Preis nicht so wie bei einer Biskuitpuppe. Wie bei allen Puppen richtet sich der Preis auch sehr nach dem Zustand der Kleider, und feine alte Kleider heben den Wert.

PAPIERMACHÉPUPPEN

Papiermaché — wörtlich 'gekautes' Papier — ist ursprünglich ein englischer und nicht, wie die meisten Leute glauben, ein französischer Ausdruck. Es gab viele Methoden und Formeln für die Zusammensetzung, aber bei allen wurde ein Papierbrei mit Wasser angesetzt, dann wurden Füllstoffe hinzugefügt, wie Weizenmehl, Schrotmehl, Sand, Ton, Schlämmkreide oder Kalk und ein Bindemittel, um die Zutaten zusammenzuhalten. Das war im allgemeinen Kleister oder ein gelierendes Mittel wie Stärkekleister oder Gummiarabikum.

Einige Papiermachépuppen-Hersteller fügten außerdem noch Harze, Öle und Imprägniermittel hinzu, um Nagetiere abzuschrecken. Einige mengten auch desodorierende Mittel bei, um den Geruch des Kleisters zu vermindern. Jeder Hersteller bemühte sich, seine Formel geheimzuhalten.

Papiermaché kann mit jeder Pflanzen- und Tierfaser gebunden werden. Man kann nicht genau sagen, welche Zutaten genommen wurden, aber die deutsche Industrie verwendete im allgemeinen verdünnten Tierkleister.

HERKUNFT DER PAPIERMACHÉPUPPEN

Wenn man bedenkt, welcher Nachfrage die Papiermachépuppe diente, weiß man, daß sie nicht teuer hergestellt werden durfte. Die Fabriken mußten in der Nähe von Papiermühlen liegen, um leicht an die Rohmaterialien zu kommen, deshalb finden wir sie auch nur in bestimmten Gebieten. Papiermachépuppen kamen hauptsächlich aus England, Deutschland und den USA und zu einem geringeren Teil aus Frankreich. Nürnberg hatte im 14. Jahrhundert eine Papiermühle, Sonneberg etwas später. Roggenmehl, das im Herstellungsprozeß verwendet wurde, kam aus den Tälern unterhalb der bewaldeten Berge. Diese Region war selbstverständlich wie geschaffen für die Papiermachépuppen-Herstellung.

Papierbrei hatte Vorzüge gegenüber Ton: er war leichter, nicht so zerbrechlich, trocknete an der Luft und konnte auf unterschiedliche Weisen bearbeitet werden. Harter Lack war eine der Oberflächenbehandlungen, während in England Wachs bevorzugt wurde. Die hergestellten Köpfe wurden meist einzeln verkauft, so daß man sie an einem selbstgefertigten Körper befestigen konnte. Oft war dieser aus Stoff und wurde ausgestopft.

LINKS: 'Braut' mit wachsiertem Papiermachékopf, 57,7 cm groß, gut erhalten, hat einen strohgefüllten Körper mit sehr kurzen Armen und Beinen. Ihre Angorahaarperücke ist auf Karton geklebt, und die Glasaugen sind unbeweglich. Brautkleid, Unterwäsche, Strümpfe und Schuhe sind im Originalzustand. Das Kleid ist aus hauchdünnem Taft mit Spitzenbesatz. In ihrem Haar und ihrem Brautstrauß stecken kleine Wachsblumen. (Sammlung der Autorin)

OBEN: Deutsche Papiermaché-puppe in Originalkleidung, um 1880. Ihre Baumwollhaube ist mit Seide und Spitze verziert. Sie trägt drei Unterröcke, ein Baumwollkleid, ein Baumwoll-cape mit Spitze und Seidenverzierung und ein Lätzchen, auf das 'Baby' aufgestickt wurde. Queen Victoria schenkte diese Puppe 1898 einer Tochter ihrer Hofdamen. Ein Brief, in dem dieses Ereignis erwähnt wird, und ein Bild von Puppe und Kind liegen dieser Puppe bei. (Sammlung Leona Gerwat-Clark)

Die vielen verschiedenen selbstgemachten Körper weisen einige Unstimmigkeiten auf. Manchmal sind die Arme aus Leder und manchmal aus Stoff, viele sind unförmig. Die Köpfe wurden einfach an die Körper geklebt.

Papiermaché ist ein Material, das in einer kleinen Werkstatt oder sogar zu Hause leicht hergestellt werden kann. Es gibt einige interessante Beispiele der Papiermachépuppen von begabten Heimwerkern.

Herstellungsmethoden der Puppenköpfe

Die Puppenköpfe wurden von unseren frühen 'Puppenkünstlern' modelliert, die uns eine Reihe historischer Haartrachten mit aufwendigen Frisuren mit Flechten und Locken hinterließen. Leider ist uns über diese Künstler nichts bekannt, aber ihre Schöpfungen werden weiter geliebt.
Die Formhersteller, die wahrscheinlich zu Hause arbeiteten, nahmen die Formen von modellierten Urformen ab. Die Formen wurden oft in mehreren Teilen hergestellt. Die Linien auf einigen Köpfen zeigen an, wie viele dafür angefertigt wurden. Die Papiermachémischung hat man in die Formen gedrückt und trocknen lassen. Manchmal wurde nur eine Form verwendet, besonders bei kleinen Köpfen. Meistens wurde diese Form aus gebranntem Gips oder Gips gemacht, und verschiedene Stellen am Kopf mußten verstärkt werden, wie Falten, Nasen und so weiter. Hierfür benutzte man Leinen oder Musselin. War der Kopf fertig, wurde er mit einem Spachtel und einer Grundierung aus Kreide, Ton, Gips oder gebranntem Gips für die Bemalung grundiert.
Die Fertigkeiten des Malers waren äußerst wichtig, denn die Puppen würden nach der Wirkung, die er mit der Bemalung erzielte, eingestuft werden (mit Ausnahme von der Kleidung). Der Maler gab der Puppe ihre Hautfarbe, setzte die Augen ein, malte Augenbrauen, Lippen, die Haare und eventuelle andere Verzierungen, die die Puppe hatte. Zum Schluß wurde eine schützende Firnisglasur aufgetragen. Die Lackierung glückte nicht immer, wie wir an den französischen Papiermachépuppen sehen. Bei fast allen scheint der Lack abgegangen zu sein.

Verschiedene Papiermachépuppen

Es gibt viele schriftliche Aufzeichnungen über die Herstellung der Papiermachépuppenköpfe des frühen 19. Jahrhunderts in Sonneberger und Nürnberger Manufakturen. Die meisten Köpfe werden wohl auch aus dieser Gegend stammen.

Georgische wachsierte Papiermachépuppen

Im ersten Viertel des 19. Jahrhunderts wurden in England 'Georgian Wachspuppen', wie man sie manchmal nennt, hergestellt. Sie werden mehr als Wachspuppen betrachtet, obwohl sie einen Papiermachékern haben. Sie hatten einfache Gesichter und lächelten. Die Köpfe waren manchmal nicht ganz glatt, vielleicht weil sie nicht vorsichtig genug gepreßt oder getrocknet wurden und sich verzogen hatten. Anders läßt sich ihre grobe Form kaum erklären. Trotzdem ist ihr heiterer Charme einzigartig. Die modellierten Frisuren der Puppen sind häufig hilfreich bei der Zeitbestimmung. Porträtpuppen stellten bekannte Persönlichkeiten dar, deren Frisuren wir heute oft von zeitgenössischen Gemälden her kennen.

OBEN: Wachsierter Papiermaché-Schulterkopf, erste Hälfte des 19. Jahrhunderts. Der Körper ist mit Roßhaar gestopft, die Arme sind aus kastanienbraunem Leder, die Hände haben vier Finger und einen Daumen. Die Angorahaarlocken sind am Kopf angeklebt. Die lange Hose, das Baumwollkleid mit blauer Seidenverzierung und Spitze und der Seidenhut sind die ursprünglichen Kleider. Risse im Gesicht findet man bei diesen Puppen häufig. (Sammlung der Autorin)

RECHTS: Papiermachéschulterkopf-Puppe mit angewinkelten Armen und Beinen, Körper mit Roßhaar gestopft. Der frühere Eigentümer hat der Puppe eine Notiz unter das Kleid gestickt, und zwar den Namen 'Rose Ann'. (Sammlung von Naomi Gerwat-Clark)

Greiner- und Vorläufer der Greinerpuppen

Ludwig Greiner war ein deutscher Puppenmacher, der in die USA auswanderte und in Philadelphia eine Fabrik eröffnete. Er erhielt das erste US-Patent für einen Puppenkopf in den Vereinigten Staaten, das Patent Nr. 10770 vom 30. März 1858. Manche seiner Puppenköpfe tragen ein Schild mit dem Patentdatum. Jedenfalls weiß man, daß Greiner um 1840 Puppen hergestellt hat. Man hat sogar eine Greinerpuppe gefunden, deren Kopf offenbar während der Herstellung mit einer Zeitung von 1845 ausgestopft worden war. Greiners Firnislasur war sehr haltbar, denn seine Puppen sind uns gut erhalten überliefert worden. Greiner stellte nur Köpfe her; die Körper wurden selbst gebastelt, oft aus grob gefülltem Stoff, manchmal mit Lederarmen. Man konnte auch Körper kaufen, und zwar bei Jacob Lacmann in Philadelphia, der zwischen 1860 und 1883 Körper herstellte. Lacmanns Körper waren aus Stoff, hatten Lederarme und -hände. Die Puppen trugen häufig rote oder blaugestreifte Socken und genähte Lederstiefel in Rot, Blau oder Gelb.

Greinerpuppen findet man selten, wenn überhaupt, außerhalb der USA. Sie wurden sicher nicht exportiert. Es gibt eine ähnliche Puppe, die als Vorläufer der Greinerpuppe gilt. Diese Puppen gehören in die Kategorie der Greinerpuppen, aber ihr Datum liegt vor dem des Patents. Der Lack ist feiner, die Lasur dünner, und die Puppen haben entweder geblasene Glasaugen oder gemalte Augen. Die ersten Exemplare haben vorne zu beiden Seiten geflochtene Zöpfe, die unter den Ohren nach hinten zu einem Knoten im Nacken führen. Diese Puppen stammen aus der Zeit zwischen 1837 und 1840 und stellen eindeutig die Queen Victoria dar, die zu der Zeit diese Frisur trug.

Es wird oft angenommen, daß die Vorläufer der Greinerpuppenköpfe mit Glasaugen importiert waren und nicht von Greiner in den USA gefertigt wurden. Ebenso vermutet man, daß Greiner, als er als erfahrener Puppenmacher in die Vereinigten Staaten auswanderte, eine Menge geblasener Glasaugen mitgenommen haben muß. Als sein Vorrat verbraucht war, müßte er Schwierigkeiten gehabt haben, sie in Philadelphia zu bekommen, deshalb mußte er die Augen zumindest für eine Zeit malen. Später fand er dann eine Möglichkeit, die Glasaugen in den USA herzustellen, und produzierte bereits Köpfe mit Glasaugen, ehe er das Patent beantragte.

Ich persönlich bezweifle sehr, daß die Vorläufer der Greinerköpfe in die USA importiert wurden. Das hätte die Herstellungskosten zu stark erhöht und das Produkt zu teuer gemacht. Ich glaube, daß diese Vorläufer der Greinerpuppen Greiners eigene frühe Puppenköpfe waren.

FIRST PLACE
LEHIGH VALLEY DOLL STUDY CLUB
REGIONAL
INTERNATIONAL ANTIQUE
FIRST
DOLLS, TOYS & MINIATURES FAIR

Greiners Patent wurde bis 1872 verlängert, wie man an den Schildern späterer Köpfe lesen kann. 'Greiner' und 'Vorläufer von Greiner' sind Bezeichnungen, die den Anfänger verwirren, aber nützlich sind, wenn sie genau definiert werden.

'M & S Superior'-Puppen

Dieser Name wurde auf Papierschildern zusammengesetzter Puppenköpfe gefunden, die um 1860 bis 1890 produziert wurden. Man nimmt an, daß es die Initialen der Firma Müller und Strasburger aus Sonneberg sind. Die Puppen gleichen den Greinerpuppen, haben geformtes Haar und sind meist blond. Der Hochglanz auf den Gesichtern, der eine bessere Lasur sein sollte, war in Wirklichkeit dick, brüchig und leicht zerkratzbar. Diese Puppen haben nicht so gut überlebt wie die von Greiner. Ihre Gesichter scheinen immer beschädigt. Außerdem ist die Lasur mit den Jahren gelb geworden, wirkt weniger realistisch und anziehend als die der Greinerpuppen.

'Milliner'-Puppen Und Puppen Mit Hoher Haartracht

Diese Namen gaben Sammler Papiermachéköpfen mit Ziegenlederkörpern und einfachen hölzernen Gliedmaßen. Jedenfalls gab es keinen Beweis dafür, daß es 'Hutmacherpuppen' waren. Für die aufwendigen Frisuren von manchen hätten ohnehin vorher Musterhüte angefertigt werden müssen. Außerdem sind die Körper steif, so daß man sie schwer an- oder ausziehen kann. Deshalb ist es zweifelhaft, ob diese Puppen zur Ausstellung der neuesten Hutmode benutzt wurden. Wenn man nicht markierte Puppen beschreibt, deren Hersteller unbekannt sind, braucht der Sammler Erkennungsmerkmale, um sie anderen beschreiben zu können. So sind viele Namen für die einzelnen Puppentypen entstanden. Deshalb werden wir die kleinen Hutmachermodellpuppen auch so nennen. Es gibt sie in den Größen von 15 cm bis zu 50 cm, und die hohen Haartrachten stammen aus der Zeit von 1810 bis 1820.

Mit der Zeit wurden Neuerungen erfunden, und eine davon war die Puppe mit drehbarem Hals. In Papiermaché war sie nicht ganz so erfolgreich, weil das Material die unvermeidbare Reibung nicht aushielt. Im letzten Viertel des 19. Jahrhunderts gab es viele Puppenmacher: Mademoiselle Rohmer, die bekannte französische Puppenmacherin, Fleischmann, Heubach, Fleischmann & Bloedel, Handwerk, Kämmer & Reinhardt, Kestner, Schilling, Simon & Halbig u.a. Die meisten hatten mit Papiermachéköpfen vor 1900 begonnen. Wenige dieser späteren Puppen gab es mit anmodelliertem Haar. Die meisten hatten Perücken und ähnelten im Stil den Biskuitpuppen. Viele der bekannten Puppenmacherfamilien verbanden sich durch Heirat. Offenbar gab es dadurch einen regen Ideenaustausch.

Papiermachépuppensammeln — Und Wo Beginnen?

Puppen für begrenztes Budget. Preiswerte Exemplare findet man selten, aber gelegentlich kann man weniger gut erhaltene günstig erwerben.

Puppen im mittleren und höheren Preisbereich. Die wachsierten 'Georgian'-Puppen, die Greiner- und die 'Superior'-Puppen sind in etwa gleich. Die größeren Greinerpuppen mit Glasaugen und die frühen 'Milliner'-Puppen mit hoher Haartracht sind oft teurer.

LINKS: Greiner-Puppe mit Papiermachéschulterkopf, 60 cm groß, mit gemalten traurigen Augen, anmodelliertem schwarzem Haar, gestopftem Körper, Lederarmen und Beinen. An ihrem Kleid war ein Zettel befestigt, auf dem zu lesen ist: 'Diese Puppe gehörte Sarah Neemes, am 16. Juni 1828 in England geboren, und wurde wahrscheinlich mitgebracht, als sie 1836 nach Amerika kam.' Aber sie kann ebensogut in Amerika hergestellt worden sein. (Sammlung der Autorin)

Mechanische Puppen und Automaten

Hydraulische und pneumatische Bewegungsabläufe wurden von den mechanischen Fertigkeiten der aufziehbaren Gehwerke ersetzt, die die Renaissance mit sich brachte. Stießen Metallnadeln gegen einen Zylinder, so ließen sich Klänge erzeugen. Damit stand dem Musikspielzeug nichts mehr im Weg. Um 1811 blühten Geschäfte mit so klangvollen Namen wie 'Edlins praktische Fundgrube für Unterhaltung und Unterricht' in der Londoner Bond Street auf.

Mit jedem technologischen Fortschritt versucht der Mensch ein noch genaueres Abbild von sich zu schaffen. Im 18. Jahrhundert erreichte die Produktion von Automaten ihren Höhepunkt. Die Musikautomaten waren Instrumente in menschlicher Form. Ein Beispiel dafür ist 'Der Zimbelspieler', 1784 von den Deutschen Roentgen und Kintzing für Königin Marie-Antoinette hergestellt. Die Musik wurde eigens nach einer Opernmelodie von Gluck arrangiert. Der ebenso bekannte 'Zeichner', von Jaquet-Droz 1774 hergestellt, ist ein weiteres Beispiel für lebensnahe Gestaltung. Er ist ein gutaussehender Knabe, der am Tisch sitzt und einen Stift hält. Der Mechanismus war so hochentwickelt, daß die Puppe vier verschiedene Zeichnungen fertigen konnte. Spätere Automatenhersteller waren: die Familie Maillardet, Johann Mälzel und Baron von Kempelen. Von Kempelens Automaten konnten sogar verschiedene Vokale hervorbringen. Mälzel gewann auf der Ausstellung der französischen Industrie von 1823 einen Preis für eine sprechende Puppe mit Gebläse, das durch Armbewegung funktionierte. Die meisten der guten Automaten des 19. Jahrhunderts hatten französische Gehwerke und französische Körper.

Oft werden die Automaten einer früheren Zeit zugeordnet aufgrund ihrer Kleidung und fehlender Informationen über das Thema. Hinweise auf die frühen Kataloge mit eindeutigen bildlichen Beschreibungen geben uns Aufschluß über die Daten. Erst 1911 gab Gaston Decamps (der 1972 im Alter von 90 Jahren starb) einen Katalog heraus, der eine Vielzahl von Tieren enthielt, Füchse, Elefanten, Vögel, Katzen, Mäuse, Hunde und so weiter, die ein Kunststück vorführen konnten. Auch einige einfache aufziehbare Spielzeuge waren dabei, darunter eine Puppe auf einer Plattform mit Rädern, durch die Teile der Puppe bewegt wurden.

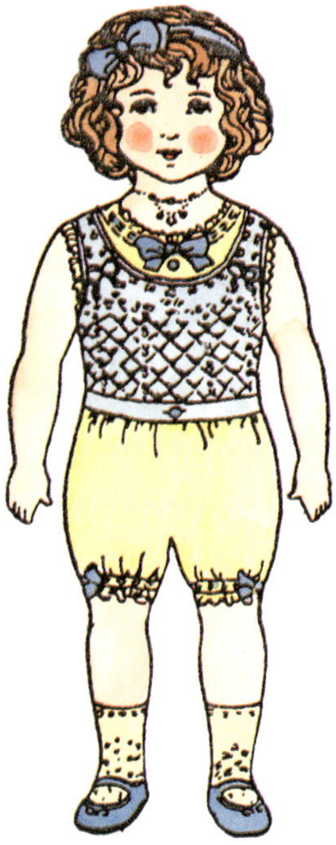

RECHTS: Geiger mit Jumeau-Kopf aus Biskuit, für M.M. Heriot et Cie. in Paris um 1880 gefertigt, in Originalkleidung. (Edinburgh Museum of Childhood)

UNTEN: Ein Léopold-Lambert-Musikautomat, im Originalzustand, französisch, um 1880. Der Biskuitkopf mit geschlossenem Mund trägt den roten Stempel: 'Déposé tête Jumeau Bte. S.G.D./G. 1'. Die Augen sind unbeweglich, die Ohren haben Ohrringlöcher. Die Unterarme sind aus Biskuit. Kopf und Arme bewegen sich zu der Musik, die durch den Mechanismus in der Dose ausgelöst werden kann. Die Puppe ist 41,25 cm groß. (Chelsea Lion, London)

Sprechende Puppen

Johann Mälzel erhielt 1824 ein Patent für seine sprechende Puppe. Um die menschliche Stimme nachzuahmen, wurden verschiedene Methoden angewandt. Die Gebläse produzierten den Anfangslaut, und das 19. Jahrhundert fügte einen Weberkamm hinzu. Durch die Luft, die vom Gebläse darübergeblasen wurde, entstanden die Laute. Das Gebläse wurde durch Ziehen an einer Schnur, Bewegen eines Körperteils oder einer anderen Bewegung der Puppe betätigt.

Alexandre Nicolas Théroude war Mitte des 19. Jahrhunderts ein bekannter Hersteller von mechanischem Spielzeug. In seinem Patent von 1852 ist der Prozeß, durch den seine Puppen 'Ma ma', 'Pa pa' und 'Cou cou' sagen konnten, beschrieben. Es gibt auch Beweise dafür, daß um 1850 in London ein begabter Hersteller sprechender Puppen lebte, leider ist sein Name nicht überliefert. Im Jahre 1857 stellte Christoph Motschmann, ein bekannter Puppenmacher, eine sprechende Puppe her, die durch 'einfache Handgriffe' 'Mama' und 'Papa' rufen konnte. 1855 trat der Uhrmacher Jules Nicolas Steiner in Paris in Erscheinung. Seiner 'Ma ma'/'Pa pa'-Stimmdose gab er 1890 einen beweglichen Kopf, Arme und Beine. Der unzerstörbare Mechanismus im Körper der Puppe hat dafür gesorgt, daß viele Puppen heute noch funktionieren. Der Patentname für seine Puppe war: 'Bébé Premier Pas' (Babys erster Schritt). Der Kopf dieser Puppe, der nicht gekennzeichnet war, hatte einen offenen Mund und zwei Reihen scharfer, spitzer Zähne. Manche Leute finden das recht makaber und wenig anziehend, aber der Sammler sieht es als ungewöhnlich und als attraktive Eigenschaft.

Puppen in dieser Zeit hatten begrenzte Sprechfunktionen, aber um 1880 wurde es möglich, aufgezeichnete Reden einzubauen. 1877 erfand Thomas Alva Edison die erste einfache sprechende Maschine, den 'Phonographen'. Eine kleine Ausgabe eines Phonographen wurde in den Puppenkörper eingebaut, und die Puppen sangen Kinderlieder. Durch Wechseln des Wachszylinders konnten verschiedene Lieder gespielt werden. Nach Edisons Patent von 1878 für eine sprechende Puppe wurde ein grober Stahlkörper produziert, der ein Phonogramm enthielt und mit einem Simon-&-Halbig-Kopf versehen war. Pro Tag wurden einige hundert Stück hergestellt, nur wenige haben überlebt.

Die am häufigsten gefundene Puppe mit Phonograph – wenn häufig das richtige Wort ist, denn sie sind eher selten – ist die 'Bébé Phonographe' (1893 – 98) von Jumeau. Zahlreiche Firmen ahmten Jumeau nach. Eine solche Puppe war bei Kindern wohl sehr beliebt. Von nun an wurde jede Methode genutzt, um wirklichkeitsgetreue Rede wiederzugeben. Die Puppe rief 'Ma ma' und 'Pa pa', wenn man ein Bein bewegte, den Fuß drückte oder einen Hebel am Hinterkopf betätigte.

LINKS: Eine Steinerpuppe (französisch, 1875 – 80), bekannt als 'Bébé Premier-Pas'. Ihr Pappkörper enthält einen Aufziehmechanismus, der die Beine bewegt, daher der Name. Sie hat auch eine Stimmdose und sagt 'Mama' und 'Papa'. (Sammlung der Autorin)

UNTEN: Eine feine Ausgabe des 'Raucher'-Automaten, 50 cm groß. Er besitzt einen Aufziehmechanismus, mit dem der Kopf bewegt, die Pfeife zum Mund geführt und der Stock aufgeklopft wird. Die Bewegung ist von Léopold Lambert. (Sammlung der Autorin)

Laufpuppen Und Die Schwimmende Puppe

Die Suche nach Lauten führte auch zur Suche nach lebensähnlicher Bewegung. Steiners 'Premier Pas'-Puppe gehört in beide Bereiche, aber der Preis für eine reine Laufpuppe geht an die Autoperipatetikos-(griechisch für 'allein gehen')Puppe. Diese Puppen scheinen absolut unverwüstlich und werden mit einem Aufziehmechanismus bedient. Erfunden von Enoch Rice Morrison und am 15. Juli 1862 patentiert, finden wir auf den Körpern dieser Puppen verschiedene Köpfe, u.a. Parian-, Wachs-, Papiermaché- und Porzellanköpfe. Sie hatten kleine Metallfüße, die unter ihren Krinolinenröcken große Schritte machten. Es gibt eine ganze Reihe davon. Seltener und vielleicht auch nicht so anziehend sind die männlichen Puppen, wie zum Beispiel Napoleon III. Den Preis sollten sich eigentlich Morrison und William F. Goodwin teilen. Goodwin aus New York bekam 1868 ein Patent für eine sehr wirklichkeitstreue Puppe, die einen Kinderwagen schiebt. In Paris produzierte um 1880 die Firma Decamps eine schwimmende Puppe, die später mit einem Simon-&-Halbig-Kopf 'Ondine' genannt wurde. Ihr Körper war aus Kork, was sie über Wasser hielt. Sie konnte Brust- und Rückenschwimmen und schaffte einen perfekten Brustzug. Außerhalb des Wassers wirkte sie durch ihre merkwürdig angewinkelten Beine und Arme eher wie ein Frosch.

FRAGILE
FRAGILE

VON LINKS NACH RECHTS: Zauberin mit Biskuitkopf, 85 cm groß, möglicherweise von Decamps; Clown mit Neger, der versucht, aus einer Lattenkiste zu entkommen, von Decamps; buckeliger Pierrot mit Affe, macht elf verschiedene Bewegungen, von Vichy. Bei dem Narren, auch von Vichy, wurde das mechanische Gehwerk durch ein elektrisches ersetzt; die gleiche Änderung wurde bei der sitzenden schwarzen Lyraspielerin gemacht, sie trägt eine Vichy-Plakette. (Sotheby's, New York)

OBEN: Eine sogenannte 'Ziehpuppe', bezeichnet am Kopf mit 'Germany 7'. Sie hat einen Holz- und Drahtkörper, bemalte hölzerne Gliedmaßen und ist 25 cm groß. Der hölzerne Kasten ist mit bemaltem Papier beklebt. Wird das Spielzeug gezogen, bewegt der Junge den Kopf und, durch das Drehen der Räder, die Hand mit der Peitsche. Dieses deutsche Spielzeug wurde nach Frankreich exportiert. (Granny's Goodies, London)

LINKS UND UNTEN: Aufziehbare schwimmende Puppe, genannt 'Ondine', von Charles Bertran vervollständigt und von M. Martin, Automatenhersteller in Paris, produziert. Deutscher Kopf gekennzeichnet: 'Halbig S & H 2 1/2'. Sie führt den Brustzug aus; ihr Korkkörper macht sie leicht, und eine Metallhülle schützt die Mechanik. Hölzerne Gliedmaßen, Metallhände und Originalbadeanzug, wahrscheinlich von Au Nain Bleu. (Sammlung: Mr. und Mrs. Austin Smith, Avon)

RECHTS: Puppe mit Biskuitkopf und offenem Mund, 60 cm groß, Kopf mit 'A 15 Paris' und in Rot 'Le Parisien' gekennzeichnet. Sie hat blaue unbewegliche Augen, mit Gelenken versehene Gliedmaßen und einen Aufziehmechanismus, durch den sich die Beine bewegen. Sie hat eine gute Gesichtsbemalung, Ohrringlöcher und eine Original-Schädeldecke aus rotem Karton. (Granny's Goodies, London).

UNTEN: Hinterkopf mit eingeprägtem 'A-15 Paris' und in Rot gestempelt 'Le Parisien'.

Roullet & Decamps war eine bekannte französische Firma, deren Name der Automatensammler schätzt. M. Jean Roullet hatte sich mit seinen Charakterpuppen und Tieren, die er von 1865 bis 1910 in seiner Werkstatt produzierte, einen Namen gemacht. Mit seinem Schwiegersohn Henri Ernest Decamps, der sein Partner wurde, stellte er viele schöne Automaten her.
Der frühe Mechanismus des Flöte spielenden Negers

oder des Affenbeschwörers wurde vielleicht später angepaßt. Meist benutzten sie Simon-&-Halbig- oder Jumeau-Köpfe und waren vermutlich die Urheber der berühmten 'Jumeau Magicienne' (Zauberin) oder von 'Le Cerisier' (Kirschverkäufer), 'Le Fumeur' (Raucher), des 'Mexikaners', von 'La Marquise', 'La Japonaise', 'La Filette Piano' u.v.a. Eine bekannte Laufpuppe von Decamps ist das Kindermädchen, das einen Kinderwagen mit Baby schiebt, und der Hase, der aus dem Herz eines Kohlkopfes guckt.

Ein weiterer nennenswerter Name auf dem Gebiet der Automaten ist G. Vichy Fils, die ihr Geschäft (1862-90) in Paris hatten. Viele schöne Stücke ihrer Handwerkskunst sind erhalten geblieben. Der bekannteste Vichy-Automat ist wohl 'Pierrots Mondserenade', wo Pierrot mit seinem Instrument auf der Hand einer Mondfigur sitzt. Es ist kaum zu glauben, daß diese herrlichen Stücke wirklich Kinderspielzeug waren, wo sie doch mehr Erwachsene ansprechen als Kinder.

'Marotte-Puppen' findet man manchmal mit sehr verschiedenen Biskuitköpfen. Als 'Marotte' werden Puppen bezeichnet, die aus einem Stock mit Kopf und Modehut bestehen, aber keinen richtigen Puppenkörper, sondern nur einen plumpen Oberkörper haben. Bei diesen Puppen schwenkt man den Stock herum, um die Spieldose unter dem Kopf zu betätigen.

Musikpuppen- und Automatensammlung

Puppen für begrenztes Budget. Nur mit viel Glück lassen sich hübsche Puppen im unteren Preisbereich auftreiben. Musikpuppen und Automaten sind selten und begehrt, also auch teuer.

Puppen der mittleren Preisklasse. Gut erhaltene Autoperipatetikospuppen, mit verschiedenen Köpfen, scheinen im Wert nicht allzu rasch zu steigen und sind für einen mittleren Preis zu haben. Einige 'Ziehspielzeuge' gibt es trotz ihres seltenen Vorkommens zu vernünftigen Preisen, wie auch Marotten und Laufpuppen mit einfachem Mechanismus.

Puppen der oberen Preisklasse. Hierzu gehören die Puppen mit den zahlreichen Bewegungsvorgängen und den feinen Biskuitköpfen, besonders Jumeau-Puppen mit geschlossenem Mund. Sammler zahlen hohe Summen für schöne Stücke. Der Zustand der Kleidung und Bewegung wirkt sich auch auf den Preis aus. Die schönen Stücke der bekannten Hersteller, gut erhalten und frühen Datums, gehören zur Spitze dieses Bereichs.

LINKS: Seltener Roullet-&-Decamps-Musikautomat, Pierrot mit Mond (um 1890). Der Papiermachévollmond hat ein bemaltes Gesicht mit offenem Mund und einer Zunge, die sich lustig von Seite zu Seite bewegt. Er hat unbewegliche braune Glasaugen.

STOFFPUPPEN

Bei Kindern sind die warmen und kuscheligen Stoffpuppen besonders beliebt. Stoffpuppen gibt es seit langer Zeit: Man fand sie sogar in alten Grabstätten in Peru und Ägypten.

Eine Puppe aus Stoffresten war immer ein erschwingliches Spielzeug. Sie konnte selbstgemacht oder kommerziell hergestellt werden, auch Arme konnten sich eine solche Puppe leisten. Manche Stoffpuppen wurden als reines Spielzeug hergestellt, andere für verkaufsfördernde Zwecke. Werbe-Puppen sind ein Sammelbereich für sich. Dazu gehören: 'Rastus, der Weizenchef' (1922) oder die zweiteilige Puppe von Kelloggs 'Goldilock und Mama Bär' (1917 – 18) von Lela Fellom und die 'Tante Jemima'-Puppe (1923 – 25).

FÜHRENDE HERSTELLER VON STOFFPUPPEN

Ein paar Firmennamen fallen einem sofort ein, besonders Käthe Kruse und Lenci, beide mit begeisternder Firmengeschichte und heute noch im Geschäft. Ebenso gehören Steiff, Chad Valley, Deans Rag Book Company und Nora Wellings in die vorderen Reihen. Außer diesen gutbekannten Firmenprodukten gibt es zahlreiche Stoff- und Werbepuppen von unbekannten Firmen.

KÄTHE KRUSE

Käthe Kruse wurde 1883 in Breslau, Schlesien geboren. Sie hatte eine große Familie und liebte Kinder sehr. Da sie Schauspielerin und ihr Mann Bildhauer war, benutzte sie ihre eigenen Kinder als Modelle für ihre realistischen Puppen, von denen die ersten für ihre Kinder waren. Ihre ersten bestellten Puppen fertigte sie in Berlin (1910) an, nach dem Krieg in Bayern.

Bei der Herstellung der Puppen wurde zuerst der Kopf modelliert, dann eine Form davon gemacht. Der Abdruck des Kopfes wurde aus gestärktem Musselin gefertigt, fixiert und bemalt. Bei den frühen Puppen ist die feine Musselinstruktur sichtbar.

Manchmal ist die Farbe von diesen Puppen ein bißchen abgerieben, aber wenn es nicht allzu schlimm ist, sollte man nichts daran tun. Übermalen schlägt sich meist im Wert der Puppe nieder. Eine Puppe mit weniger gut erhaltenem Gesicht wird preislich entsprechend eingestuft. Da es die Käthe-Kruse-Firma noch gibt, kann man Puppen zur Reparatur einschicken, aber damit sollte man vorsichtig sein, weil jeder etwas anderes darunter versteht, und man kann dem Sammler hier wirk-

RECHTS: Stoffpuppe, 47,5 cm groß, mit gemalten Augen und echten Wimpern, Filzkörper und Filzkleidung. Vermutlich eine Lencipuppe. Rechts von ihr ist eine Stoffpuppe von Chad Valley. Sie hat einen Samtkörper, eine blonde Angorahaarperücke, Glasaugen (selten bei Stoffpuppen), trägt einen Filzhut, ein passendes Kleid und Schuhe. (Sammlung Jerie Leslie, USA)

RECHTS: Zwei Käthe-Kruse-Puppen. Der Junge hat ein gemaltes Gesicht und gemaltes braunes Haar. Das Mädchen ist am linken Fuß gekennzeichnet und trägt die rote Nummer: '13449'. (Sammlung der Autorin)

RECHTS: Ballerinapuppe aus Plüschstoff mit geformtem Gesicht und Bemalung im Stil der 20er Jahre, exotisch geschminkte Augenlider und hoch gerougte Wangen, 57,5 cm groß, und trägt ihr Original-Tüllballettröckchen. Ihre spitzen Füße stecken in Filzballettschuhen. (Sammlung Naomi Gerwat-Clark)

lich nur empfehlen, Vorsicht walten zu lassen. Abgeblätterte Farbe, Kratzer und abgeriebene Nasen sollte man so lassen. Immerhin waren die Puppen ja Spielzeug. Sie wurden geliebt, und es wurde mit ihnen gespielt, das darf man ihnen auch ansehen. Eine besonders gut erhaltene Puppe kann bedeuten, daß es sich um ein nicht verkauftes Exemplar handelt.

Die frühen Käthe-Kruse-Puppen haben traurige Gesichter. Es wird behauptet, sie hat das absichtlich gemacht, um damit ihre Trauer über den Krieg 1914 bis 1918 auszudrücken. Diese Puppen waren nicht billig, und sie erzielen auch heute noch hohe Summen. Während des Ersten Weltkriegs und danach wurden neue Herstellungsmaterialien benutzt. Die Firma fertigte Schaufensterpuppen an. Diese großen Puppen sind teuer und sehr begehrt.

Ihre Puppen sind am linken Fuß mit Käthe Kruse und einer Seriennummer gekennzeichnet. Anhand dieser Kontrollnummern kann man das Herstellungsdatum der Puppen bestimmen. Zwischen 1945 und 1951 trug der rechte Fuß den Stempel 'Made in Germany, US-Zone'. Zuerst wurden Käthe Kruses Puppen unter Vertrag von Kämmer & Reinhardt hergestellt (1910), aber nur für knapp ein Jahr. Diese Exemplare sind daher sehr selten.

Bis 1928 hatten die Käthe-Kruse-Puppen locker angenähte Köpfe. Der drehbare Kopf wurde erstmals 1929 produziert. Von 1910 bis 1929 hatten sie alle gemaltes Haar, danach erhielten sie Echthaarperücken und wurden sehr beliebt. Trotzdem wurden auch die bemalten Exemplare hergestellt. Die Augen war immer gemalt, und alle Puppen hatten geschlossene Münder. Ein Hinweis aufs Herstellungsdatum ist die Breite der Hüften. Vor 1930 waren sie sehr breit, dann wurden sie schmaler.

Puppentypen

Interessant ist, daß die Puppen von 1910 bis 1955 nur fünf verschiedene Kopfformen hatten, mit leichten Abwandlungen, verschiedenen Nummern und Namen. Der erste Kopf hieß einfach Nr. I; der zweite 'Schlenkerchen', der fünfte 'Träumerchen', der sechste 'Du Mein' — die Nummern drei und vier gab es nicht. Es folgten VIII, 'Deutsches Kind' und XII, 'Hampelchen'. Nach dem 1957er Modell entstanden Hanne-Kruse-Puppen. Käthe-Kruse-Puppen wurden auch in Zelluloid hergestellt. Die Finanzkrise der Firma von 1950 führte zur Produktion von synthetischen Köpfen. Köpfe im alten Stil wurden hergestellt und Magnesit-Köpfe, eine zementähnliche Substanz.
Käthe Kruse starb 1968 im Alter von 85 Jahren, aber ihr Geist lebt in ihren Schöpfungen weiter, und die Puppen werden immer noch in Donauwörth angefertigt.

LENCI-PUPPEN (um 1920)

Lenci-Puppen sind das italienische Gegenstück zu den deutschen Käthe-Kruse-Puppen. Sie begannen ähnlich früh und werden heute noch hergestellt. 'Lenci' war der Kosename für Elena, die Frau von Enrico di Scavini aus Turin, der Filzpuppen von bester Qualität und ausgezeichnetem Design anfertigte. Sie wurden erstmals 1922 unter dem Lenci-Handelszeichen registriert. Frühe Exemplare dieser Puppen sind bei Sammlern sehr geschätzt.

Kennzeichnend für Lenci-Puppen sind die Filzköpfe und Körper mit gut ausgearbeiteten Gliedmaßen, gemalten Gesichtszügen und häufig wunderbaren Filzkleidern. Die Gesichter sind sehr wirklichkeitsnah geformt, haben einen kindlichen Ausdruck und Pausbacken. Manche Kleider sind aus Patchwork, mit Verzierungen aus Filzblumen. Einige der Puppen mit kindlichen Gesichtern gucken trotzig, andere haben einen mädchen- oder damenhaften Ausdruck. Ihre Augen haben oft zwei weiße Flecke. Manche besitzen Echthaar-, andere Angorahaarperücken. Im allgemeinen wird angenommen, daß die zwei mittleren Finger zusammengenäht wurden. Das ist ein Irrtum und trifft nur auf manche zu. Wegen des großen Erfolges gab es viele Exemplare einer Sorte. Echte Lenci-Puppen sind auf verschiedene Weise gekennzeichnet – mit Stempeln, Pappschildern, Bändern und Metallschildern. Die ersten waren die Metallschilder. Nach 1938 wurden Pappschilder benutzt. Die Firma produzierte eine Vielzahl von Puppen, eine Serie von ausländischen Kostümpuppen, einige volkstümliche und sportliche Puppen, Miniaturen, Maskottchen und die beliebten Kinderpuppen.

Lenci-Puppen waren immer recht teuer, und bestimmte Seriennummern erzielen wegen größerer Beliebtheit höhere Preise als andere. Zustand und Originalkleidung bestimmen den Preis mit. Diese Puppen sind besonders bekannt für ihre farbenprächtigen Filzkleider, leider

LINKS: Vier Lenci-Puppen. Die große blonde Puppe außen links ist von 1930. Sie trägt am linken Fuß einen schwarzen Lenci-Stempel, hat ein gepreßtes Filzgesicht, und die Augen gucken nach rechts. Sie trägt ihr ursprünglich cremefarbenes Netzkleid. Sie ist fast 42,5 cm groß. Die große Puppe zu ihrer Rechten stammt auch von 1930. Sie ist 62,5 cm groß, hat einen drehbaren Kopf, einen offen-geschlossenen Mund, angedeutete Zähne und eine schwarze Langhaar-Angoraperücke im Netz. Sie trägt die Originalkleidung. Die Puppe außen rechts, deren Augen zur Seite gucken, hat eine schwarze Angorahaarperücke und bewegliche Hüften. Sie ist 45 cm groß. Die kleine Puppe vorne rechts trägt ein Lenci-Torino- und ein Bresse-Schild. Sie ist 22,5 cm groß und hält einen Filzhahn im Arm. Links von ihr steht eine Puppe mit dem Schild 'Bambola Italia Lenci Torino Made in Italy'. Sie ist 23 cm groß und trägt eine Mohairente mit orangem Schnabel und orangen Füßen unterm Arm.
(Sotheby's, London)

wurden sie jedoch oft ein Opfer von Motten und anderem Ungeziefer. Anzeichen von Insektenbeschädigung sollte man nicht übersehen. Man kann die Puppen dagegen behandeln und vorsichtig reparieren, aber das ist schwer, und nimmt man befallene Puppen in eine gut erhaltene Sammlung auf, kann das verheerende Folgen haben. Lenci-Puppen von 1920 bis 1930 erzielen die höchsten Preise.

Steiffpuppen (1877)

Margarete Steiff aus Giengen in Württemberg ist sehr bekannt für ausgestopfte Spielzeugtiere von bester Qualität. Obwohl sie 1909 starb, blieb die Firma in der Familie und existiert heute noch. Ihre Puppen waren aus Filz, Plüsch und Samt. Sie waren durch eine Naht in der Mitte des Gesichts und einem Knopf im Ohr gekennzeichnet. Puppen mit Filzköpfen wurden erstmals 1893 hergestellt. Manche haben speziell ausbalancierte Füße und können allein stehen.

Stoffpuppensammlung – Wo beginnen?

Puppen für begrenztes Budget. Einige der englischen Stoffpuppen waren recht preiswert und leicht zu finden, aber neuere Preissteigerungen bei Lenci-Puppen haben sich offenbar auch auf die Preise für die englischen Stoffpuppen ausgewirkt. Der Zustand spielt am Ende wie immer auch eine Rolle.

Puppen im mittleren Preisbereich. Einige der späteren Käthe-Kruse-Puppen gehören in diese Kategorie wie die, die weniger gut erhalten sind, und einige der weniger gefragten Lenci-Puppen.

Puppen im oberen Preisbereich. Zu den teuersten Stoffpuppen zählen die Steifftiere und -puppen, frühe Lencis und frühe Käthe-Kruse-Puppen, besonders das 'Träumerchen'. Die Preise sind in den letzten Jahren rasch gestiegen.

ZELLULOIDPUPPEN

Zelluloid war ursprünglich ein Patentname, aber es ist mittlerweile die Bezeichnung für das plastikähnliche Material geworden, aus dem 'unzerbrechliche' Puppen hergestellt wurden. In Wirklichkeit ist das Material ziemlich brüchig und leicht zerbrechlich. 1869 ließen sich die Brüder Hyatt in den USA eine Mischung aus Nitrozellulose und Kampfer, die sie Zelluloid nannten, patentieren. Man kann Zelluloid als erstes synthetisches Material bezeichnen. Diese Erfindung hatte Auswirkungen bis in jeden Haushalt. Elfenbein- und Holzartikel wie Kämme und Zahnbürsten wurden nun aus Zelluloid geformt und unter Hitze verdichtet. So wurden schließlich Puppenköpfe mit feinen Einzelheiten hergestellt.

Es ist ein allgemeiner Irrtum, daß Zelluloidpuppen späteren Datums sind. Die Rheinische Gummi- und Zelluloid-Fabrik in Deutschland produzierte etwa ab 1880 Zelluloid und seit 1896 Zelluloid-Puppen. Ihr Warenzeichen, die Schildkröte, wurde 1889 registriert. Viele der Puppen sind also früheren Datums, als angenommen wird. Um 1900 fügte die Firma eine Raute zu ihrer Schildkröte hinzu und schrieb bisweilen 'Schutzmarke' unter das Zeichen.

Bis vor ein paar Jahren hielt man Zelluloid für eine arme Variante in der Puppenwelt, aber heute wird es begeistert gesammelt, besonders in Deutschland. Anfang dieses Jahrhunderts stellten viele Firmen Zelluloidspielzeug her und da es die Eigenschaft hatte, nicht abzublättern, war es sehr beliebt. Jedenfalls gab es bei diesem Material genauso viele Nachteile wie Vorteile, und diese führten zur Produktion des Stoffes, den wir heute als Plastik kennen. Zelluloid erwies sich als zerbrechlich und brennbar; war es zu dünn, wurde es zerquetscht, war es zu dick, riß es; im Sonnenlicht bleichte es und wurde brüchig. Trotz dieser Probleme ist es erstaunlich, wie viele gut erhaltene Puppen man noch findet. Es ist möglich, daß beschädigte und gerissene Stücke weggeworfen wurden und auf Schutthalden verkommen sind und nicht wie ihre Gegenstücke aus Biskuit, die nach fast über hundert Jahren auf viktorianischen Schutthalden ausgegraben und in den 70er und 80er Jahren wieder beliebt wurden. Das Interesse an den Zelluloidpuppen ging in den 20er Jahren zurück und verschwand in den 30er Jahren ganz.

LINKS: Ungewöhnliche Nora-Wellings-Puppe mit schwarzem Gesicht, aus braunem Samt mit eingesetzten Glasaugen. Sie ist 87,5 cm groß und hat eine schwarze, am Kopf angenähte Angorahaarperücke. Alle Finger außer den mittleren sind einzeln. Sie trägt ein kastanienbraunes Perlenhalsband. (Granny's Goodies, London)

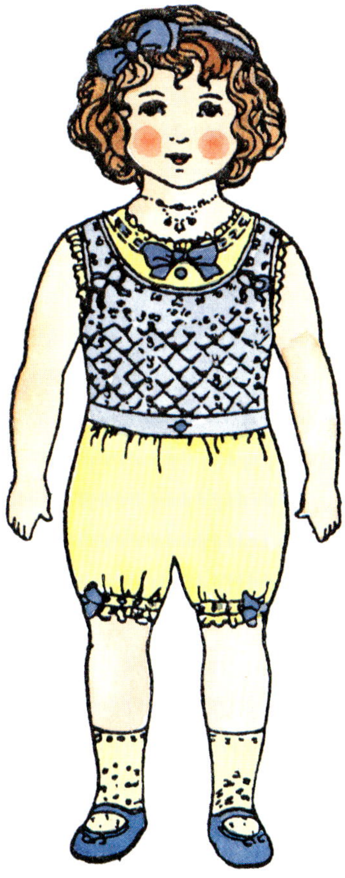

LINKS: Französische Zelluloidpuppe, 52,5 cm groß, Kopf und Rücken sind gekennzeichnet mit 'Tête d'Aigle' (Adlerkopf), einem von petitcollin aus Paris und der Inschrift 'France 57 1/2'. Die geformte Frisur der 20er Jahre läßt eine Datierung zu.

Zelluloidpuppenhersteller

Ein interessanter Faktor beim Sammeln der Zelluloidpuppen ist, außer der Tatsache, daß preiswerte Exemplare leicht zu finden sind, die Tatsache, daß bekannte Puppenhersteller in Deutschland wie in Amerika die Zelluloidpuppen nach den Vorbildern der Biskuitköpfe fertigten. Sie tragen dieselbe Formnummer und sind oft weniger kostspielig als ihre Vorbilder aus Biskuit. Sie sind jedoch gefragter als die Zelluloidbabypuppen und erzielen auch höhere Preise als diese. Oft haben sie sogar denselben Körper wie die Biskuitpuppen. Natürlich ist es möglich, daß bei manchen Puppen in den Jahren, in denen es Puppendoktoren gab, ein zerbrochener Biskuitkopf durch einen billigeren Zelluloidkopf ersetzt wurde.

Unter anderem findet man auf Zelluloidköpfen die Marken von Armand Marseille, Kestner, Jumeau und K ☆ R; einige der gefragten Charakterformen von K ☆ R sind auch aus Zelluloid und sehr selten. Amerikas Bye-Lo-Baby hat man auch in Zelluloid gefunden. Vor dem Zweiten Weltkrieg stellten die Japaner etliche Zelluloidpuppen her. Pausbäckige Zelluloidpuppen und mechanische Puppen kamen aus Amerika. Die Firma Käthe Kruse ließ ebenfalls Zelluloidpuppen und neue Kostümpuppen herstellen; König & Wernicke aus Waltershausen fertigten 1912 Zelluloidpuppen an, wie Bruno Schmidt 1900. Obwohl die schönsten Zelluloidpuppen von den bekannten Puppenmachern in Frankreich, Deutschland und in den USA stammen, wurden sie in aller Welt hergestellt.

Bei den französischen Zelluloidpuppen sind die meisten Kennzeichen SNF in einem Diamanten (Société Nobel Française, 1939 und 1960) registriert und SIC im Diamanten (Société Industrielle du Celluloid 1902-1925) und das Adlersymbol (petitcollin) zusammen mit dem Wort 'France'. Die frühen Zelluloidpuppen ähnelten sehr den blassen Puppen aus Biskuit, während die späteren eine kräftigere Gesichtsfarbe erhielten.

Die seltensten Zelluloidpuppen sind die französischen Zelluloid-Harz-Puppen mit beweglichem Kopf, meistens mit Lederkörper. Man weiß nichts genaues über diese Puppen, sie können auch aus Amerika sein. Sicher ist nur, daß man sie sehr selten findet. Einige Zelluloidpuppen haben Echthaarperücken, während andere modisch geformte Frisuren aufweisen, die eine akkurate Bestimmung des Herstellungsdatums zulassen.

Zelluloidköpfe findet man auch auf Zelluloidbabykörpern mit gebogenen Gliedmaßen, auf zusammengesetzten Körpern, auf Lederkörpern mit U-förmig angesetzten Oberschenkeln, auf Kleinkindkörpern mit geraden oder unbeweglichen Gliedmaßen. Die Augen sind gemalt, aus Glas oder sogar aus Zelluloid. Manche Puppen sind grob und andere so fein wie die aus Biskuit.

LINKS: Französische Zelluloidpuppe, zwischen 1875 und 1900 hergestellt. Der Kopf hat einen drehbaren Hals. Körper und Kostüm sind späteren Datums. (Margaret Woodbury Strong Museum, New York)

LINKS: Deutsche Kämmer-&-Reinhardt-Puppe mit Zelluloidkopf und zusammengesetztem Körper, trägt kariertes Original-Schürzenkleid. Zwischen 1905 und 1927 hergestellt. (Margaret Woodbury Strong Museum, New York)

Zelluloidpuppensammlung — Wo beginnen?

Begrenztes Budget. Es gibt eine Reihe Zelluloidpuppen aus verschiedenen Ländern in Landestracht, und weil sie wenig gehandelt werden, sind sie ziemlich preiswert. Außerdem findet man Babypuppen ganz aus Zelluloid, in Frankreich und Deutschland um 1920 und 1930 hergestellt. Obwohl sie nicht teuer sind, haben sich ihre Preise in den letzten fünf Jahren verdoppelt. Offensichtlich sind sie begehrter geworden. Zelluloidköpfe ohne Körper sind manchmal auch sammelnswert, wie auch Zelluloidkleinkindpuppen mit anmodelliertem Haar oder Perücken und entweder mit Zelluloidkörper oder mit dem früher üblichen zusammengesetzten Körper.

Mittlerer Bereich. Die meisten der bekannten Biskuitpuppenhersteller ließen Zelluloidgegenstücke anfertigen, die manchmal dieselbe Formnummer trugen wie die Biskuitpuppen. Diese sind sehr gefragt. Zum Beispiel wird eine seltene Charakterpuppe von Kämmer & Reinhardt, die sich vielleicht für mehrere tausend Mark verkaufen läßt, wenn sie aus Biskuit ist, in Zelluloid nur einen Bruchteil des Preises erreichen. Man findet sie mit zusammengesetzten Körpern oder Lederkörpern, während spätere Ausgaben einen aus Kunstleder haben.

Französische Zelluloidpuppen, die nicht gekennzeichnet oder von nicht allzu feiner Qualität sind, und solche, die aus Polen oder Japan kommen, gehören in diesen Bereich.

Spitzenqualität. Äußerst selten und entsprechend teuer ist die französische Modepuppe von Jumeau in Zelluloid.

ENGLISCHE PUPPEN

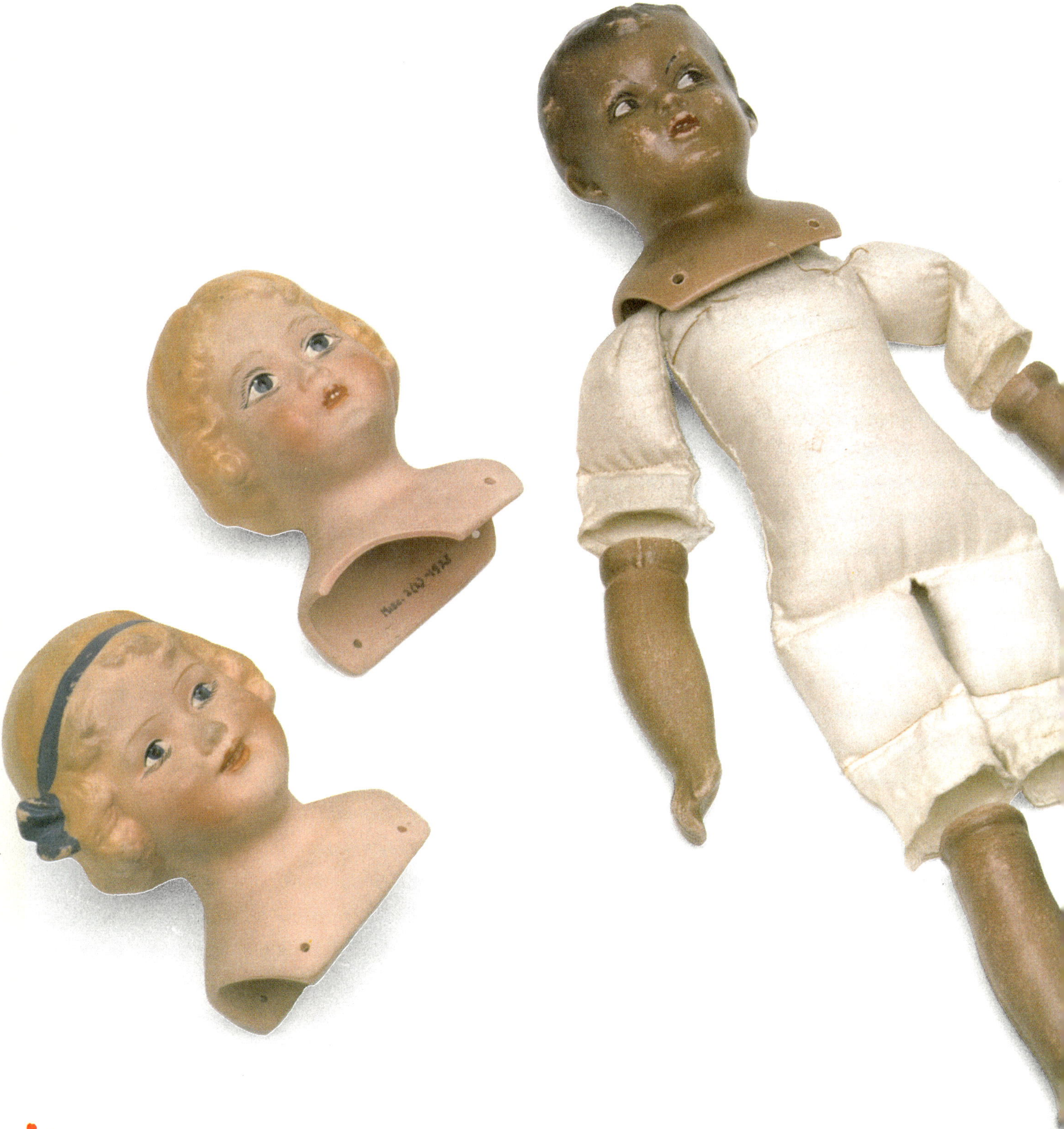

UNTEN: Auswechselbare Köpfe der Doll Pottery Company (1915/22) von 1916. Sie tragen eine Entwurfsnummer mit dem Zeichen D.P. Co. Es gab drei verschiedene Steingutköpfe, zwei verschiedene Arm- und Beinpaare und einen Stoffkörper. (Bethnal Green Museum of Childhood)

RECHTS: Klassische Puppe von Speights Ltd. aus Dewsbury (1913–24). Der Schulterkopf ist aus Steingut, der Körper aus Stoff, und die Gliedmaßen sind zusammengesetzt. Schlechte Angorahaarperücke. Zeichen auf der Rückseite des Schulterstücks: 4. CLASSIC ENGLAND. (Bethnal Green Museum of Childhood)

Wegen des Importverbots von deutschem Spielzeug in der Kriegszeit 1914 bis 1918 versuchten englische Firmen Keramikköpfe für den eigenen Markt zu produzieren. Dieser Industriezweig entwickelte sich innerhalb kürzester Zeit, aber die Puppen waren grob, von schlechter Qualität und wenig anziehend. Da sie nur für eine begrenzte Zeit hergestellt wurden – tatsächlich nur bis das Verbot aufgehoben wurde –, sind sie selten und deshalb sammelnswert. In der Zeit gab es viele englische Puppenfabriken, die Holz-, Wachs-, Porzellan-, Keramik- oder Stoffpuppen anfertigten. Es sind zu viele, um sie alle in diesem Buch zu erwähnen, aber die beliebteste war wohl Diamond Pottery Co. Ltd., Stoke-on-Trent. Diese Firma war die Tochtergesellschaft einer Steingutfabrik, und die meisten englischen Puppen mit Porzellankopf tragen das Zeichen D.P.C. Es kann aber auch von der Doll Pottery Co. sein, die zwischen 1916 und 1922 in Staffordshire in Betrieb war und etliche verschiedene Zeichen benutzte. Die Qualität der Diamondpuppen ist im allgemeinen nicht so gut. Sie sind schlecht bemalt, zu

kräftig in der Farbe und aus rosafarbenem Biskuit, aber es gibt auch ein paar nette Exemplare. Die Diamond-Puppenfabrik hörte um 1940 auf, und die Firma begann Fliesen zu produzieren. Die Doll Pottery Co. Ltd. (1915–22) stellte vermutlich die meisten Puppen und Puppenköpfe her, vor allem auch in verschiedenen Größen – Köpfe mit Schulterstück, Puppen mit geformtem Haar, Babypuppen – Jungen und Mädchen –, Clowns und Negerpuppen.

W.H. Goss & Co., 1858–1944, aus Staffordshire, stellte Gliedmaßen und Köpfe mit gemalten Augen oder Glasaugen her. Diese Puppen sind heute sehr selten. Obwohl sie etwas zu grob und zu kräftig gefärbt sind, im Vergleich zu den deutschen oder französischen Puppenn, erzielen sie recht hohe Preise. Goss wird mehr mit Porzellanwaren als mit Puppen in Verbindung gebracht.

Um 1917 fertigte Hancock & Sons (1857–1937) über siebzig verschiedene Puppenköpfe an – mit offenem und geschlossenem Mund, mit geformten Haaren und so weiter. Wie bei allen anderen englischen Firmen war die Gesichtsbemalung grob. Es gab noch viele andere englische Porzellanfabriken, die in dieser Zeit Puppen produzierten, aber nur wenige ihrer Stücke sind gekennzeichnet und daher nicht erkennbar.

LINKS: Eine der schönsten Boudoirpuppen, die die Autorin je gefunden hat. Sie ist 102,5 cm groß, mit Trikot, gemaltem Gesicht, sehr gut erhalten, mittels Schablone gemalten Augen, Stoffkörper und an Knien und Ellenbogen gebogenen Gliedmaßen. Schmale Taille, breiter Busen und wunderbares Originalkleid mit Unterwäsche. Satinkleid mit Diamant- und Spitzenverzierung, Originalhut mit Organzablumen und den ursprünglichen Schuhen mit Absatz.

OBEN: HMS Ungestümer Matrose von Chad Valley um 1935 nach einem Entwurf von Norah Wellings aus dunkelblauem Samt. Diese Matrosenpuppen wurden auf Ozeandampfern als Souvenir verkauft. (Bethnal Green Museum of Childhood).

Stoffpuppen

Es gab viele Stoffpuppenhersteller in England, und die mit den bedeutendsten Namen waren auch die produktivsten Firmen; ihre Arbeit findet der heutige Sammler vor.
Boudoirpuppen sind nicht übermäßig gefragt, aber es gibt einige hübsche Exemplare im preiswerten Bereich. Wie immer wird der Wert vom Zustand bestimmt. Je aufwendiger das Kostüm, um so teurer wird die Puppe sein. Boudoirpuppen waren, wie der Name schon sagt, als Zierde für das Boudoir oder Schlafzimmer gedacht. Im allgemeinen hatten sie die Form langgliedriger Frauen, bemalte Gesichter aus Stoff oder Seide. Oft trugen sie Hüte und dekorative Kleidung von verschiedenen Designern. Sie wurden zwischen 1910 und 1938 von Firmen wie Chad Valley Dolls und Deans Rag Book Co. angefertigt.
Chad Valley Dolls, 1823 gegründet und immer noch in Betrieb, ist eine Firma aus Birmingham, die sich auf verkaufsfördernde Puppen und Spielzeug bekannter Charaktere und Physiognomien, wie dem Hund Bonzo, spezialisiert hatten. Sie stellten auch Teddybären her und ausgestopfte Tiere von bester Qualität. Sie waren Spielzeughersteller des Königshauses. In den zwanziger Jahren produzierten sie Mable-Lucy-Atwell-Puppen und Schneewittchen mit den sieben Zwergen, denen man die gute Handarbeit ansah. Manchmal werden ihre Puppen mit Lenci-Puppen verwechselt (vgl. S. 61), die teurer sind.
Dean & Son Ltd., London, und ihre Tochtergesellschaft, Dean's Rag Book Co. Ltd., gibt es seit 1840. Diese Firma hat eine lange Druck- und Verlagsgeschichte und ist bekannt für eine Buchserie in Puppenform. Seit 1958 arbeitet sie als Agent der Merrythought Company und produziert eine Reihe von Puppen in Nationaltrachten. Dean's-Puppen sind im allgemeinen von guter Qualität und besitzen viele Einzelheiten. Der Preis richtet sich natürlich nach dem Zustand, aber er liegt im unteren Bereich für Stoffpuppen. Dem Anfänger kann man empfehlen, sich hier umzuschauen. Außerdem sollte man nicht vergessen, daß es sich lohnt, die neuesten Produkte einer Firma zu kaufen. Denn es gilt: Puppen, die heute neu sind, gehören morgen zu den Antiquitäten.
Beide Firmen benutzten Filz bei ihrer Produktion. Ursprünglich aus Biber- oder Kaninchenfell und später aus Wollresten hergestellt, ließ sich Filz in Form bügeln, kräftig färben und war außerdem sehr haltbar. Filz war allerdings sehr anfällig für Motten, und viele nette Puppenexemplare sind zerstört worden. An dieser Stelle eine Warnung: Falls Sie eine Filzpuppe erwerben,

LINKS: Schlittschuhläuferin von Dean's Rag Book Company um 1930 auf blaßgrünem Samt. (Bethnal Green Museum of Childhood).

RECHTS: Dean's-Rag-Puppe, 97,5 cm groß, mit am Körper festsitzenden Kleidern. (Granny's Goodies, London)

SHELL
MOTOR
SPIRIT
SHELL
MOTOR
OIL
SHELL

untersuchen Sie sie auf Insektenbefall und verräterische Löcher, da eine befallene Puppe die Insekten auf die anderen Stücke Ihrer Sammlung überträgt. Mottenbefall läßt sich meistens behandeln.

Die Firma Nora Wellings Dolls (1926 – 1959) wurde von einer ehemaligen Designerin von Chad Valley in Shropshire gegründet. Sie ist vielleicht am besten bekannt für die kleinen Matrosenpuppen, die an Bord der Schiffe verkauft wurden. Außer mit Filzpuppen bringt man Nora Wellings noch mit Samtpuppen von bester Qualität in Verbindung. Diese sind häufig gekennzeichnet und einigermaßen preiswert.

Englische Wachspuppen

England ist wohl am meisten angesehen für seine Wachspuppen, und es gibt ein paar herausragende Hersteller: Charles und William Marsh (1865 – 1913) fertigten Wachs- und wachsierte Papiermachépuppen an. Die Brüder Meech (1865 – 91) stellten auf königliche Anordnung Wachspuppen her. Die vielleicht bekannteste Wachspuppenherstellerin in England war Madame Augusta Montanari, die 1864 starb. Das Geschäft wurde von ihrem Sohn Richard weitergeführt, und die Herstellung der Montanari-Puppen scheint zwischen 1850 und 1887 zu liegen. Mrs. Lucy Peck (1846 – 1930) war zu ihrer Zeit auch bekannt, aber die wohl heute noch bekannteste Wachspuppenherstellerin ist natürlich Madame Marie Tussaud (1760 – 1850). Sie muß erwähnt werden, da viele Leute in dem bekannten Londoner Wachsfigurenkabinett gewesen sind, das ihren Namen trägt und das sie gegründet hat. Nur wenige ihrer Arbeiten sind erhalten geblieben, da das meiste bei einem Feuer 1925 zerstört wurde. Sie war mehr eine Figurenherstellerin als eine Puppenmacherin, und obwohl sie natürlich Wachspuppen anfertigte, findet man selten eine. Mme. Tussaud ist bekannt für ihre Porträt-Wachspuppen, aber sie soll auch Wachsbabies gemacht haben. Pierotti gehört unter den Wachspuppenherstellern wohl zu den berühmtesten Namen. Die Pierottis waren eine erstaunliche Familie. Sie stellten von 1770 bis 1935 über die Generationen hinweg Wachspuppen her.

Holzpuppen

Sie gehören zu den frühen Puppen, und es gibt ein paar hübsche Exemplare, die aber oft unerschwinglich sind. Über die Holzpuppenherstellung wissen wir sehr wenig, aber sie sind wahrscheinlich von Handwerkern gemacht worden, wie Schreiner oder Dreher, die die entsprechenden Werkzeuge hatten, um Holzstümpfe zu drehen. Einige Exemplare stammen aus der Mitte des 17. Jahrhunderts. Die bekanntesten englischen Holzpuppen sind Lord und Lady Clapham. Es wird berichtet, daß dieses Paar einer Familie gehörte – und zwar Nachkommen des Tagebuchschreibers Samuel Pepys, der an seinem Lebensabend in Clapham, London, lebte. Die Puppen sind einzigartig unter den Stücken des

RECHTS: Mother Goose's Rag Book, ein Kinderbuch von Dean's Rag Book Company 1916, auf Leinen gedruckt. Die Illustrationen sind von Hilda Cowham, die für das Magazin 'Home Chat' Illustrationen machte. (Bethnal Green Museum of Childhood)

MOTHER GOOSE'S RAG BOOK
JAM
And Johnny
shall go to
the fair,
And Johnny
shall have a
new ribbon,
To tie up
his bonny
brown hair.
And oh! it was all laden with pretty things for thee.
There were comfits in the cabin
and apples in the hold;
The sails were made of silk, and the
masts were
made of
gold.

späten 17. Jahrhunderts und gut erhalten. Lord Claphams Hut trägt das Schild 'T. Bourdillon Hosier & Hatter Ihrer Majestät, 14 Russell Street, Covent Garden'. 1974 waren sie auf einer Auktion, und nachdem man einem Schweizer Sammler die Exporterlaubnis verweigerte, kaufte sie das Victoria and Albert Museum an.

Sammlung Englischer Puppen – Wo Beginnen?

Puppen für begrenztes Budget. Englische Puppen sind ein ausgezeichnetes Gebiet für den Anfänger. Sie sind zwar nicht weit verbreitet, aber findet man eine, dann sind besonders die Porzellan- oder Steingutpuppen preiswert. Achten Sie auf Qualität, die manchmal zu wünschen übrigläßt und demnach den Preis drückt. Vielleicht findet man Produkte von Hancock und Diamond Pottery oder anderen weniger bekannten Firmen. Boudoirpuppen sind ebenfalls nicht teuer: Chad Valley und Dean's-Rag-Stoffpuppen machen sich in einer Sammlung gut.

Puppen im mittleren Preisbereich. Goss-Puppen gehören zu den Raritäten der englischen Porzellanpuppen und werden entsprechend eingestuft. Die Gesichtsbemalung ist zwar zu kräftig, aber sie sind interessant, weil sie selten sind. Es macht Freude, englische Wachspuppen zu sammeln, nur variieren sie im Preis, wie die wachsierten Papiermachépuppen mit ihrem freundlichen Lächeln und ihrer charakteristischen Ausstrahlung. Ihre Gesichter sind oft zerkratzt, aber das ist ein Teil ihres Charmes und sollte nicht verändert werden.

Puppen im Spitzenbereich. Einige der besonders guten Wachspuppen gehören hierher, aber hauptsächlich sind die Holzpuppen in dieser Kategorie anzusiedeln, wie eben das fast unbezahlbare Paar, Lord & Lady Clapham, die frühen 'Queen-Anne-Puppen' und die 'Georgian-Puppen' mit ihren schwarzen Schönheitsflecken.

RECHTS: Mädchen im roten Kleid von Chad Valley, um 1935, eine Lenci-ähnliche Puppe. (Bethnal Green Museum of Childhood)

AUSSEN RECHTS: Lucy-Peck-Puppe, von Lucy Peck zwischen 1902 und 1911 angefertigt. Obwohl sie die Puppen vorwiegend nur reparierte, stempelte sie sie. Dieses Exemplar jedoch ist eindeutig von ihr selbst angefertigt worden. Kopf und Arme sind aus gegossenem Wachs, der Körper ist ausgestopft, die Haare sind eingelassen und die Glasaugen blau. Der Stempel gibt ihre Adresse an. (Bethnal Green Museum of Childhood)

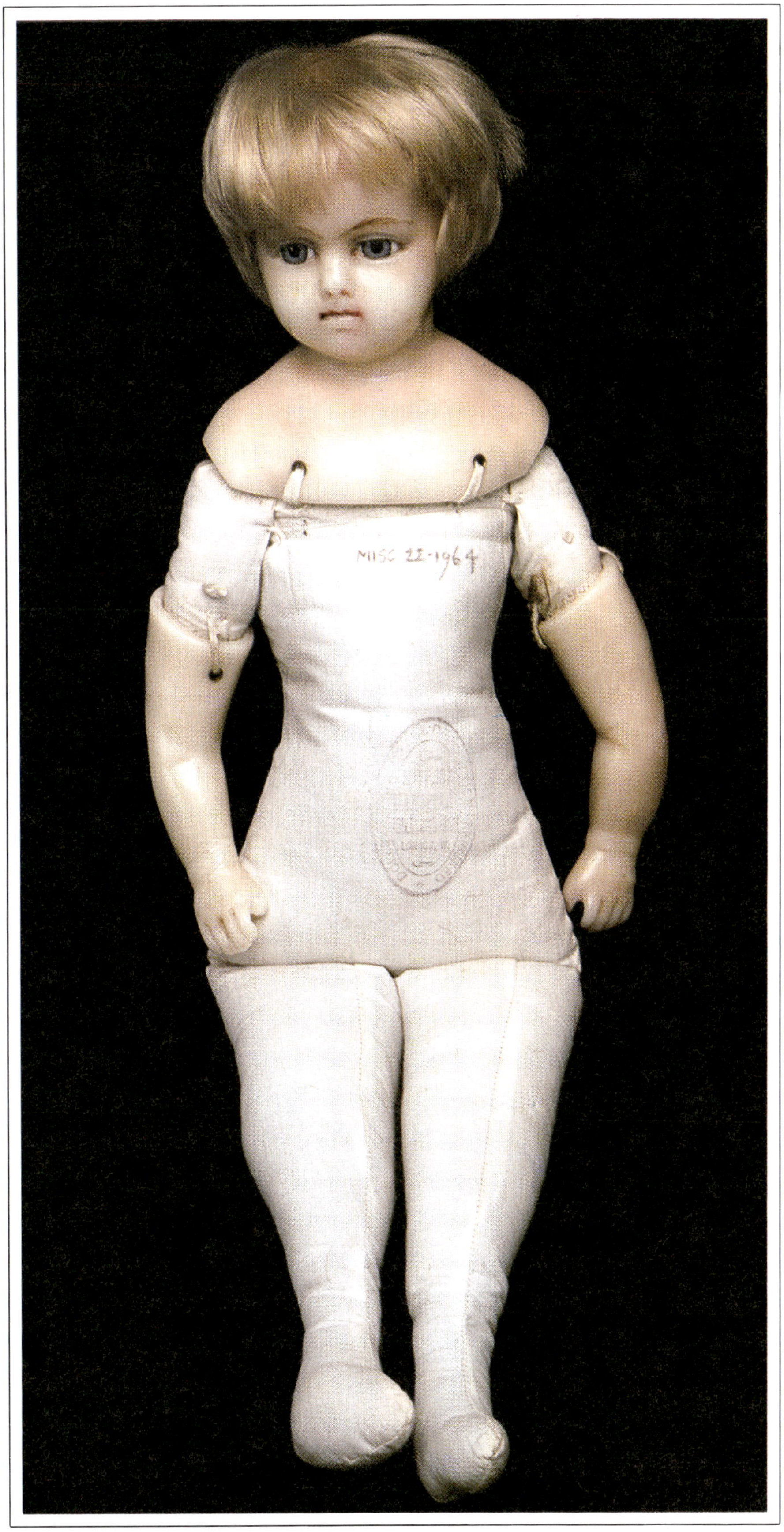
MISC 22-1964

RECHTS: Zelluloidähnliche Babypuppe, von British National Dolls of London um 1955 hergestellt. Die Puppe ist aus Hartplastik. Kennzeichen im Nacken: BND (Bethnal Green Museum of Childhood)

LINKS: Charles Marsh Puppe, etwa um 1880, gekleidet wie eine Braut, mit einem Stoffkörper, der so geformt ist, daß sie einen Busen hat. Der Kopf ist aus gegossenem Wachs, die Haare sind eingelassen und die Glasaugen blau. Sie hat zwei große Stempel auf dem Körper. (Bethnal Green Museum of Childhood)

RECHTS: Puppe aus Mischmasse, 32,5 cm groß. Der Kopf ist gekennzeichnet: '13 Shirley Temple'. Die Gliedmaßen sind gerade, Kleid und Perücke original. Hergestellt von: Ideal Toy Corp. New York, (1934 – 39). (Sammlung der Autorin)

Amerikanische Puppen

Anfangs importierten die Vereinigten Staaten ihre Puppen. Vor dem Bürgerkrieg sollen keine produziert worden sein, erst später im 19. Jahrhundert wurden New York, Philadelphia und Neuengland zu Hauptherstellungsgebieten. Köpfe wurden oft aus Europa importiert und an amerikanische Körper befestigt. Gleichzeitig begannen Puppenmacher, wie Greiner, die ihre Fähigkeiten in Europa erlernt hatten, mit der Herstellung. Die bekanntesten Körperhersteller waren Lacmann, Steuber, Gibson und Robinson. Amerikanische Köpfe wurden aus Gips, Papiermaché oder Stoff gefertigt. Ernst Reinhardt, der 1909 von Deutschland nach Philadelphia kam, soll in den USA Biskuitköpfe gemacht haben.

LINKS: Stoffpuppe, 45 cm groß, von Martha Chase, bemalte unbewegliche Stoffarme und Stoffbeine mit Kniegelenk. Die Puppe ist nicht gekennzeichnet und hat gemaltes Haar, das später einmal ziemlich grob übermalt wurde. (Sammlung Naomi Gerwat-Clark).

LINKS: Teil des Humpty-Dumpty-Zirkus von A. Schoenhut, 1903. Nach und nach wurden mehr Figuren hinzugefügt. Zuerst gehörten nur die Clowns dazu. Ein Ringer, ein Löwenbändiger, ein Akrobat, eine Akrobatin und eine Zirkusreiterin kamen hinzu und hatten Holz- oder Biskuitköpfe. Es gab einen Chinesen, einen Landstreicher und einen Negerclown. 1907 wurden Max und Moritz vorgestellt. Eine große Anzahl von Tieren gehörte auch zu dem Zirkus. (Sammlung der Autorin)

Zu den frühen amerikanischen Puppenherstellern gehört Izannah F. Walker aus Rhode Island, deren Puppen für den Unerfahrenen aussehen wie die von Martha Chase. Ihre Puppen waren aus gestärktem Trikotgewebe und ziemlich einfach bemalt, mit aufgemaltem Haar und erkennbar an den Korkenzieherlocken an der Seite des Kopfes. Manche haben gemalte Schuhe. Es gibt Nachweise dafür, daß sie um 1840 ihre ersten Puppen herstellte, obwohl sie erst in 1873 ein Patent erhielt. Diese Puppen sind selten und teuer. Man findet sie in Europa kaum. Izannah Walker starb im Jahre 1888.

Joel Addison Hartley Ellis aus Springfield, Vermont (1858 – 1925) gehört ebenso zu den frühen amerikanischen Puppenherstellern. Die frühere Firma von Ellis, Britton & Eaton wurde von Vermont Novelty Co. übernommen. Sie stellten Puppen ganz aus Holz her, die unter dem Namen Joel Ellis bekannt wurden. Kopf und Körper wurden in einem Stück gedreht, und weil diese Puppen den deutschen Artistenfiguren ähnelten, wurden sie Knirpse genannt. Sie hatten Metallhände und -füße. Es gab sie in drei verschiedenen Größen: 30, 37,5 und 45 cm. Die Köpfe waren durch Druck geformt und handbemalt. Sie waren entweder blond oder brünett. Diese Puppen sind sehr selten und werden entsprechend eingestuft.

A. Schoenhut & Co. (1872 – 1925) in Philadelphia stellte einige der bemerkenswerten amerikanischen Puppen her. Albert Schoenhut war um 1850 in Deutschand geboren, und nachdem er sich in Amerika angesiedelt hatte, wurde sein Humpty-Dumpty-Zirkus 1903 ein großer Erfolg. Das war ein Zirkus aus Holz mit einer Vielzahl von Tieren, Zirkusleuten mit Leitern und anderem Zubehör. Manche Figuren hatten Biskuitköpfe, aber Schoenhut stellte auch Puppen ganz aus Holz her, mit geschnitzten Köpfen. Manche hatten geformtes Haar und andere Perücken. Sie waren mit Draht aneinandergebunden, was man hört, wenn man sie bewegt. Die Augen waren gemalt, und manche Gesichter ähnelten denen der K☆R-Puppen. Wegen der Haltbarkeit haben viele überlebt.

Arnold Print Works (1876 – 1925) aus North Adenes in Massachusetts gehörte zu den Herstellern von Do-it-yourself-Puppen aus bedrucktem Stoff, die zu Werbezwecken angefertigt wurden. Die Puppen wurden genäht und ausgestopft. Sie dienten Firmen wie Kelloggs und Cream of Wheat u.a. zu Werbezwecken. Diese Puppen sind schwer zu finden, wahrscheinlich wurden sie nicht so gehütet wie andere, aber sie sind recht nett und kommen aus vielen Bereichen. Manche wurden nach Comic-Strip-Figuren angefertigt, so wie das kleine Waisenkind Annie.

Art Fabric Mills (1899 – 1910) in New York war eine weitere Stoffpuppenfabrik, die auch schwarze Puppen herstellte.

RECHTS: Stoffpuppe, 62,5 cm groß, auf dem Fuß mit dem Aufdruck 'Art Fabric Mills, New York, patentiert 13. Feb. 1900'. Sie hat ein gedrucktes Gesicht, Haar und Haarband, ausgestopften Körper, einfache stumpfförmige Hände und aufgedruckte Unterwäsche, aufgedruckte rote Strümpfe und schwarze aufgedruckte Stiefel mit Schnürsenkeln. (Sammlung der Autorin)

ART FABRIC

RECHTS: Alte Frau, Charakterpuppe von Bernard Ravca. Die Gesichtszüge sind handgestickt und anschließend bemalt. (Sammlung der Autorin)

RECHTS: Die Charakterpuppe von Bernard Ravca stellt einen sitzenden alten Mann dar. Diese Puppen gehören zu seinen beliebtesten Produkten. (Sammlung der Autorin)

RECHTS: Zwei Vinylkopfpuppen von Madame Alexander. Die blonde Puppe hat am Kopf die Prägung: '3 ALEXANDER 1979', und ist als 'Kleiner Bruder' bekannt. Diese Puppe erschien zusammen mit einer anderen, die 'Kleine Schwester' hieß. Sie trägt die Original-Kleidung (Sammlung Leona Gerwat-Clark). Die dunkelhaarige Puppe ist ein 1974er Modell und als 'Hübsches Baby' bekannt. Sie hat Vinylgliedmaßen in ausgearbeiteter Form, einen ausgestopften Körper, gut eingearbeitetes Haar, trägt Originalkleidung und hat Schlafaugen (Sammlung Naomi Gerwat-Clark).

Ravca-Puppen erschienen etwas später. Der in Frankreich geborene Bernard Ravca (1904) kam 1939 nach Amerika und arbeitet seitdem mit seiner Frau dort. Sie haben Schaufensterpuppen, Porträts von gefeierten Stars, Adeligen und Sportlern hergestellt. Doch am bekanntesten sind sie wohl für ihre Charakterpuppen alter Leute.

Martha Jenks Chase (1880–1925) aus Pawtucket, Rhode Island, zog für ihre Puppenköpfe Trikotgewebe über eine Maske, vollendete sie mit Ton und bemalte sie mit Ölfarbe. Ohren und Daumen wurden separat angebracht, Augen und Haare (meist blond) waren gemalt. Diese Puppen scheinen recht grob, haben aber einen gewissen Charme. Vor 1920 hatten die Körper Gelenke an Schulter, Hüfte, Ellenbogen und Knie, und sie waren waschbar. Sie waren gekennzeichnet, aber viele Kennzeichen sind verblaßt. Martha Chase hat einige Puppen angefertigt, die Charaktere aus Charles Dickens' Romanen und aus 'Alice im Wunderland' darstellen. Außerdem schuf sie Übungspuppen für Krankenhäuser, Neugeborene, zwei und vier Monate alte Babies, ein und vier Jahre alte Kinder und Erwachsene.

Louis Amberg & Son war eine ebenso bekannte Puppenherstellerfirma in den USA wie Madame Beatrice Alexander, deren Puppen bei den Sammlern amerikanischer Puppen die beliebtesten sind. Sie sind selten, wenn überhaupt, in Europa zu finden und wurden keineswegs von England importiert. Frühe Exemplare erzielen hohe Preise. Madame Alexander war russischer Herkunft. Ihr Vater war Puppenmacher in Odessa gewesen. Sie war die älteste Tochter und gründete 1923 in New York ihre eigene Firma, die Stoffpuppen nach den Charakteren von Dickens produzierte. Später stellte die Firma sich auf Plastik und Vinyl um und fertigt heute noch wunderbare Stücke an.

Rose O'Neill, die aus Wilkes-Barre, Pennsylvania, stammte, entwarf 1909 eine Version der weitbekannten Kewpiepuppe aus Stoff, die später vervollkommnet und aus Biskuit von Kestner in Deutschland gefertigt wurde. Viele verschiedene Kewpiecharaktere erschienen in Puppenform.

Einen ähnlichen Erfolg wie Rose O'Neill hatte Grace Storey Putnam aus Oakland, Kalifornien. 1922 entwarf sie für die Borgfeldt-Puppenfabrik das Bye-Lo-Baby. Zu jener Zeit war sie Lehrerin an einem Kunst-College, und das Bye-Lo-Baby sollte ein echtes drei Tage altes Baby darstellen. Sie war nach einem schwarzen Baby modelliert worden, deshalb ihre etwas negroide Erscheinung. Bye-Lo-Babies gibt es ganz aus Biskuit, Wachs und Gips und mit Zelluloidhänden; manche haben merkwürdig geformte Stoffkörper in verschiedenen Größen, von Georgene Averill entworfen. Die Köpfe wurden in Deutschland von George Borgfeldt hergestellt, bei dem Putnam unter Vertrag war.

RECHTS: Amerikanische Babypuppe von Grace Storey Putnam, in Deutschland hergestellt. Das Bye-Lo-Baby wurde auch das 'Millionen-Dollar-Baby' genannt, da es sehr hohe Verkaufszahlen erreichte. Köpfe wurden von Kestner, Kling und Alt, Beck & Gottschalk gefertigt. Dieser Kopf trägt die Markierung 'Grace S. Putnam, Made in Germany 1360/30'. Die Puppe ist 32,5 cm groß. (Sammlung der Autorin)

Gummipuppen

1839 entwickelte Charles Goodyear ein Verfahren zur Herstellung von weniger brüchigem Gummi, das er sich 1840 unter dem Namen Vulkanisation patentieren ließ. Bei dem Verfahren wird Gummi mit Schwefel behandelt. Am bekanntesten ist es für die Herstellung von Autoreifen geworden. Charles' Bruder Nelson erhielt 1851 ein US-Patent für einen Puppenkopf aus Gummi, das bis 1865 verlängert wurde. Die Gummiköpfe wurden an ausgestopfte Stoffkörper befestigt, wie die Papiermachéköpfe. Die Perücken wurden mit Lederdeckel auf die Köpfe gesetzt.

New York Rubber Co. und Benjamin F. Lee waren nur zwei Firmen, die auf Lizenz von Goodyear Gummipuppen herstellten. Die Puppen wurden in größeren Warenhäusern verkauft.

Die frühen Gummipuppen haben nicht lange gehalten. Die Farbe ging ab, und der Gummi zerfiel. Man verfeinerte das Verfahren – und fertigte Gips-Gummi-Puppen an. Später waren nur die Puppenkörper aus Gummi.

Zelluloidpuppen

Auch in den USA wurden Zelluloidpuppen hergestellt. In New York begannen 1869 John Wesley und Isaiah Hyatt mit der Fertigung von Zelluloidprodukten. Sie wurden 1870 zur Embossing Company und machten seit etwa 1880 Zelluloidpuppenköpfe. 1866 erstellte Franklin Darrow Puppenköpfe aus rohen Häuten. Sie ähnelten den Papiermachéköpfen.

Sammlung amerikanischer Puppen – Wo beginnen?

Puppen für begrenztes Budget. Werbepuppen und einige der Stoffpuppen gehören in diesen Bereich. Wie immer gilt der Zustand als zusätzlicher Faktor. Zelluloidpuppen sind manchmal nicht teuer, außer sie gehören zu den Zelluloidausgaben einer seltenen Charakterpuppe mit einer sehr gefragten Formnummer.

Puppen im mittleren Preisbereich. Hierzu gehören Bye-Lo-Babies (selten in Europa aufzutreiben) und Madame Alexanders Puppen, die nicht nach Europa exportiert worden sind.

Puppen im oberen Preisbereich. Im allgemeinen gehören die ganz frühen Puppen in diese Kategorie, wie die von Izannah Walker, Joel Ellis, Goodyear und Greiner. Offenbar sind sie alle selten und deshalb hoch geschätzt.

DEUTSCHE PUPPEN

Deutschland war natürlich das produktivste Puppenherstellerland der Welt, und daher finden die Puppensammler hier ihr größtes Vermächtnis. Während ihrer Blütezeit stellten die deutschen Firmen jeden erdenklichen Puppentyp in verschiedenen Entwürfen und Materialien sowie großer Anzahl her. Mit der riesigen Menge hat Deutschland sich den vordersten Platz auf dem Weltmarkt gesichert. Obwohl die deutschen Puppen nicht so selten und so teuer sind wie die französischen ist die Qualität der Biskuitköpfe und der Gesichtsbemalung ähnlich aufwendig. Ihr niedriger Preis ist nur ein Zeichen dafür, daß eine größere Anzahl zu bekommen ist.

Das goldene Zeitalter der deutschen Puppe zog sich etwa von Mitte des 19. Jahrhunderts bis zum ersten Viertel des 20. Jahrhunderts hin. Während dieser Zeit beherrschten die Deutschen den Weltmarkt für Puppen wegen der enormen Vielzahl der Produkte und der wettbewerbsfähigen Preisstruktur. Ein starker Einschnitt in die Puppenherstellung entstand während der weltweiten wirtschaftlichen Rezession in den Jahren zwischen den Weltkriegen und aufgrund der darauffolgenden Entwicklung billiger synthetischer Stoffe im Wegwerfzeitalter.

Die Mehrzahl der deutschen Puppenhersteller war im südöstlichen Thüringen angesiedelt. Hierzu gehören — mit Beginndatum in Klammern – Adolf Wislizenus (1851), Alt, Beck & Gottschalck (1854), Gebrüder Krauss (1863), Edmund Ulrich Steiner (1864, später in die Staaten ausgewandert), Louis Wolf & Co. (1870), Baehr & Proeschild (1871), Franz Schmidt & Co. (1890), Kley & Hahn (1895) und König & Wernicke (1912).

Die Stadt Waltershausen hatte einen solchen Ruf erlangt, daß Warenhäuser und Einzelhändler mit den Worten 'Waltershausener Puppen' warben, was genügend Hinweis auf die Qualität war. Sonneberg führte den Ruf, das Zentrum der Puppenherstellung zu sein. Die Puppenmacher in Thüringen stellten die Puppen nicht nur aus Holz und Papiermaché, sondern auch aus Biskuit und glasiertem Porzellan her.

Da viele bekannte Firmen in Thüringen lagen (heute DDR), gab es dort einen gesunden Ideenaustausch und die entsprechenden Handwerker. Außerdem heirateten einige Puppenmacherfamilien untereinander, so daß sich die Firmen vergrößerten. Aber es muß ein großer Konkurrenzkampf gewesen sein.

RECHTS: Puppe mit Biskuitkopf und offenem Mund, Aufdruck: 'Made in Germany 129'. Ihre Gipsschädeldecke weist auf eine Kestnerpuppe hin. Sie besitzt eine feine Gesichtsbemalung und trägt die Originalperücke. Sie ist 50 cm groß und hat einen Mischmasse-Körper mit Gelenken. (Sammlung der Autorin)

Daß Thüringen an der Spitze lag, kam nicht plötzlich. Es war die Folge harter Arbeit früherer deutscher Puppenmacher, die die Tradition der Handwerkskunst begründeten: Holzschnitzer, Bildhauer, Papiermachéhandwerker und Generationen von Landarbeitern in Süddeutschland hatten dazu beigetragen. Die natürlichen Quellen gab es im Überfluß — Holz zum Schnitzen, feinen Ton für Porzellan, Holzbrei, eine dichte Bevölkerung, die billige Arbeitskräfte stellte, und ein gutes Transportnetz, dessen Bedeutung man nicht übersehen darf. Um einen Eindruck von der Größenordnung der Herstellung zu vermitteln, braucht man nur zu erwähnen, daß die Firma Fleischmann in Sonneberg 1870 rund 32 000 Arbeiter, inklusive Heimarbeiter, beschäftigte.

Entwicklung der führenden Puppenfirmen

Simon & Halbig aus Gräfenhain war wahrscheinlich eine der ersten Manufakturen, die sich schnell vergrößerte und eine riesige Anzahl von Puppenköpfen aus Parian und Papiermaché herstellte. Aber sie fertigte keine Puppenkörper an. Wenn Sammler davon sprechen, daß eine Puppe den falschen Körper besitzt, dann bedeutet das nichts anderes, als daß der Körper, der zum Zeitpunkt des Verkaufs mit dem Kopf verbunden wurde, jetzt nicht mehr dran ist. Körper wurden speziell für Simon & Halbig entworfen und produziert, stammten aber nie von Simon & Halbig selbst.

LINKS: Puppe mit Biskuitkopf und geschlossenem Mund, 17,5 cm groß. Kopf gekennzeichnet: 'A 253 M Nobbi Kid Reg. U.S. Pat. Germany 11/0'. Sie hat einen kleinkindähnlichen Mischmassekörper, das Originalkleid und eine neue Echthaarperücke. (Sammlung der Autorin)

OBEN: Puppe mit Biskuitschulterkopf und geschlossenem Mund, 34 cm groß. Der Lederkörper hat Biskuitarme. Die Augen sind feststehend, und die Puppe trägt das Kennzeichen: '139' (schwach leserlich), wahrscheinlich eine frühe Kestnerpuppe, die für den französischen Markt hergestellt wurde. (Sammlung der Autorin)

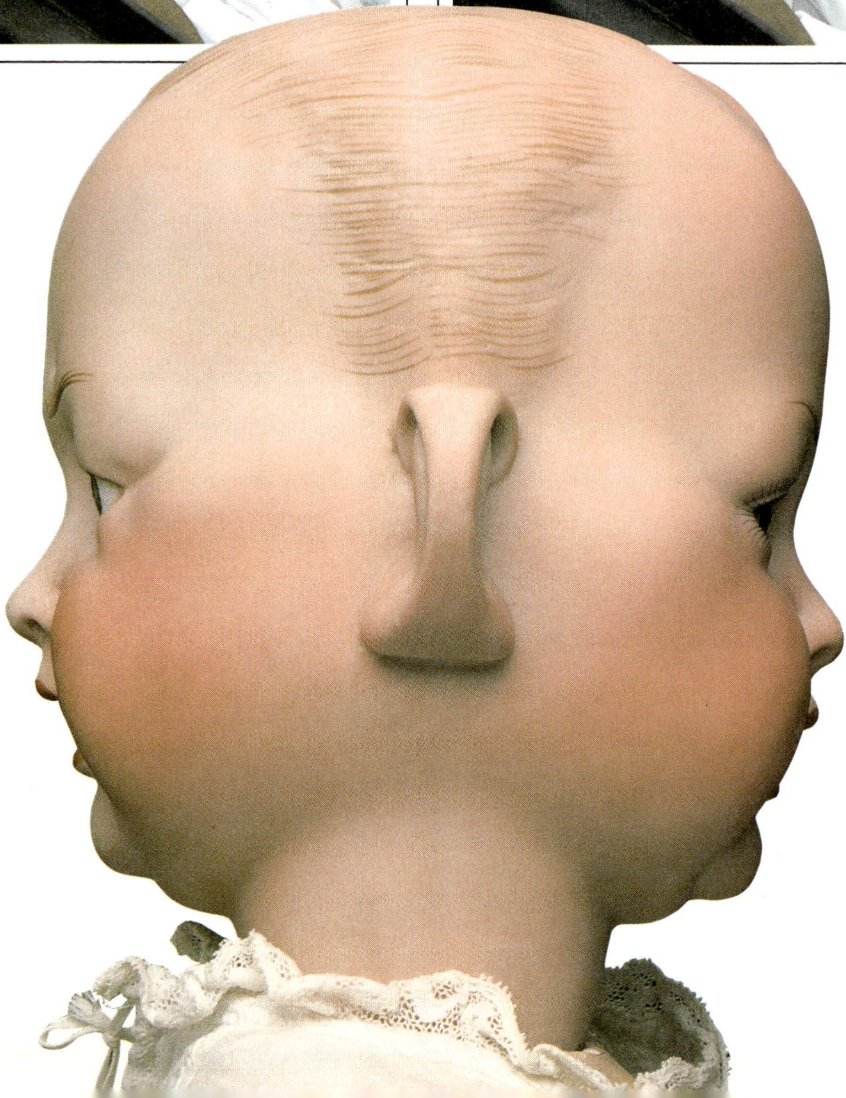

OBEN AUSSEN LINKS: Sehr seltene zweigesichtige Charakterbabypuppe aus Biskuit. Bei dem einen Gesicht sind die Augen gemalt und der offengeschlossene Mund hat eine geformte Zunge und keine Zähne. Das Gesicht trägt verärgerte Züge. Der Hals ist gekennzeichnet: '159'.

OBEN LINKS: Das andere Gesicht der zweigesichtigen Biskuitpuppe. Der offengeschlossene Mund lächelt und hat eine geformte Zunge und zwei gemalte Zähne. Das Gesicht hat Schlafaugen und ein Grübchen. Der Hals ist gekennzeichnet: '12'.

UNTEN LINKS: Seitenansicht der zweigesichtigen Biskuitpuppe, dabei zeigt sich ein merkwürdig dickes Ohr.

Eine Ausnahme waren die Puppen aus Biskuit. J.D. Kestner aus Waltershausen war wohl einer der wenigen deutschen Puppenhersteller, der seine eigenen Köpfe und Körper anfertigte.

Er stiftet bei den Anfängern einige Verwirrung, wenn sie erfahren, daß Simon & Halbig für einige bekannte französische Firmen Köpfe herstellte, wie zum Beispiel für Jumeau, Daspres und Roullet & Decamps. Das ist kaum anders als heute, wenn ein Artikel einer englischen Markenfirma billiger in Hongkong produziert wird. So machten es die französischen Firmen, indem sie sich in Deutschland die preiswerteren Puppenköpfe herstellen ließen und dann in Frankreich den Körper und die Kleidung fertigten.

Johannes Daniel Kestner jun. aus Waltershausen warb erst 1823 für seine Papiermachépuppen mit Lederkörper, obwohl er bereits 1805 mit der Produktion begonnen haben soll. Das waren wahrscheinlich die sogenannten 'Milliners'-Puppen, deren Herkunft unbekannt ist. Er machte auch Knöpfe, Kleidung und feine Qualitätswaren und benutzte die Krone als Markenzeichen. Kestner gilt eigentlich als der Vater der Waltershausener Puppenindustrie; denn er war mit Sicherheit der erste in der Gegend. Seine Firma war wie bereits oben erwähnt wohl die einzige, die Köpfe und Körper herstellte, so daß eine Kestnerpuppe als Produkt einer Firma betrachtet werden kann. Um 1850 stellte Kestner Porzellanköpfe und wachsierte Papiermachépuppen her, aber da sie nicht gekennzeichnet sind, kann man sie nicht identifizieren. Nachdem Johannes Kestner 1859 starb, kaufte eine Porzellanfabrik die Firma auf und produzierte Parian- und später Biskuitköpfe, die wir gewöhnlich mit Kestner in Verbindung bringen. Leider sind die Parianköpfe nicht gekennzeichnet, also auch nicht identifizierbar. Zum Glück sind die späteren herrlichen Puppen, die zwischen 1880 und 1890 und darüber hinaus produziert wurden, gekennzeichnet. Kestners Enkelsohn Adolph übernahm die Firma 1872 und führte sie bis zu seinem Tod 1918, nachdem die Firma den Ersten Weltkrieg und die Weltwirtschaftskrise überstanden hatte. Schließlich verband sie sich 1930 mit Kämmer & Reinhardt.

Armand Marseille (1865 – 1925) aus Köppelsdorf in Thüringen ist vielleicht der erste Puppenherstellername, dem der Anfänger begegnen wird. Denn 'A.M.'-Puppen waren stets die preiswertesten deutschen Puppen und sind daher wohl auch die ersten Objekte des Anfängers. Armand Marseilles Firma stellte die meisten Puppen her, und seine Qualität war gleichbleibend hervorragend. Wegen der Gesetze von Angebot und Nachfrage gehören die am häufigsten vorkommenden Puppen zu den preiswerteren, und da von A.M.-Puppen eine so große Anzahl gefertigt wurde, werden sie dem heutigen Sammler am meisten begegnen.

NÄCHSTE SEITE: Feine Puppe mit Biskuitkopf und offenem Mund von Kämmer & Reinhardt, mit 'K☆R 117 n' gekennzeichnet, 55 cm groß. (Granny's Goodies, London)

Marseille war 1856 in Rußland geboren und ließ sich später in der Nähe von Sonneberg nieder, wo er eine Porzellanfabrik eröffnete. Um 1890 produzierte er Biskuitköpfe und begann mit seinem Sohn Armand Marseille jun., George Borgfeldt, Louis Wolf, Charles Bergmann und andere mit Köpfen zu beliefern. Armand Marseille jun. heiratete die Tochter von Ernst Heubach, einem Puppenmacher, der 1887 mit der Herstellung begonnen hatte. Die Firma Marseille litt wie viele andere sehr unter den Kriegsjahren 1914 bis 1918, als keine Puppen aus Deutschland in die USA und den Rest Europas exportiert wurden. Von 1920 an wurde wieder produziert, und dabei blieb es bis 1925, als er starb.

UNTEN LINKS: Dieses ist die Rückseite des Kopfes der Charakterpuppe auf Seite 108, auf dem steht: 'K☆R SIMON & HALBIG 117'.
RECHTS: Seltene Simon-&-Halbig-Puppe mit Biskuitkopf, 52,5 cm groß, Kopf gekennzeichnet mit 'SH 1039 Dep'. Sie hat sehr große, aber unbewegliche Augen. Sie scheint zu schlafen, wenn sich die metallenen, wachsüberzogenen Augenlider schließen. Zwei Fäden, die am Hinterkopf gezogen werden können, lösen die Lidbewegung aus. Die Puppe trägt ihr Originalkleid und hat einen Mischmassekörper mit Gelenken. (Sammlung der Autorin)

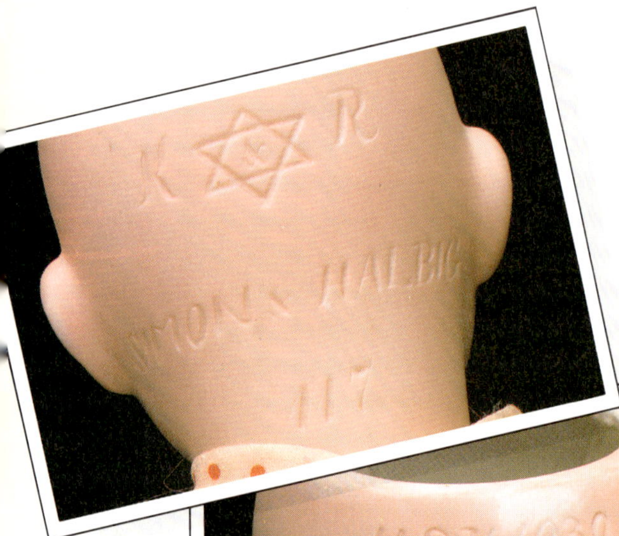

Die Gebrüder Heubach aus Lichte in Thüringen, 1820 gegründet, waren eine der ersten Puppenherstellerfirmen in Deutschland. Diese Firma ist vorwiegend bekannt für ihre Charakterpuppen, 'Klavier-Babies', Figürchen und Puppen ganz aus Biskuit. Viele hatten geformtes Haar und eingearbeitete Augen. Sie waren von guter Qualität, obwohl die Norm der Körper variierte. Die eingearbeiteten gemalten Augen hatten geformte Details, einschließlich einem erhöhten weißen Tupfer. Meist waren die Pupille und die Iris leicht gebogen, um den Augen einen tieferen Ausdruck zu verleihen, dadurch wirkten die Heubach-Augen realistisch. Die Haare wurden vielleicht aus Kostengründen geformt, oder aber es war ein Rückschritt zu den Parianköpfen mit anmodelliertem Haar. Die Gebrüder-Heubach-Puppen waren mit einer aufgehenden Sonne oder 'Heubach' in einem Quadrat gekennzeichnet. Manche Sammler verwechseln die Gebrüder Heubach mit Ernst Heubach, dessen Firma 1887 gegründet wurde. Die Ernst-Heubach-Puppen sind im allgemeinen mit 'Heubach, Köppelsdorf', 'EH' oder 'HK' gekennzeichnet, manchmal aber auch mit einem Hufeisen. Vier- oder fünfstellige Zahlen wurden für Gebrüder Heubach benutzt. Aber ihre frühen Puppen, die sie vor der Zeit ihrer Charakterpuppen herstellten, sind etwas rätselhaft, weil die Numerierung unterschiedlich ist, oft ohne Symbol und manchmal an so versteckten Stellen des Puppenkörpers, daß man sie nicht findet, zum Beispiel unter einer Schulter, die der Körper verdeckt. Es ist bekannt, daß Heubach vor den Charakterpuppen eine Art niedlicher Puppen produzierte.

Es ist erstaunlich zu erfahren, daß so bekannte Puppenhersteller wie Franz und Bruno Schmidt, Heinrich Handwerck, Kämmer & Reinhardt, Bergmann, König und Wernicke, Kley & Hahn und Catterfelder Puppenfabrik, um ein paar zu nennen, keine eigenen Puppenköpfe herstellten. Doch die Zeiten änderten sich, und 1927 übernahm Kämmer & Reinhardt die Firma Simon & Halbig. Oft findet man Köpfe mit den Zeichen von beiden Firmen. Simon-&-Halbig-Köpfe wurden auch für mechanische Puppen, Neuheiten und Puppen mit Biskuitgesichtern gefertigt. Wahrscheinlich waren sie auch die ersten, die gefärbten Biskuit für schwarze Puppen und burmesische Puppen mit Schlitzaugen benutzten, ebenso für Chinesen- und Indianerpuppen.

Die Firma Kämmer & Reinhardt aus Waltershausen ist ein bekannter Name unter Puppensammlern, besonders für Charakterpuppen. Sie gehören wohl zu der Crème de la crème der deutschen Puppenindustrie, sicher vom Preis, der Seltenheit und des Sammelns her. Die Firma begann 1886. Ernst Kämmer war ein erfahrener Puppenmacher, aber man weiß nicht, wer zu der Zeit die Kämmer-&-Reinhardt-Köpfe fertigte.

Sicher stellte Simon & Halbig nach Ernst Kämmers Tod 1902 die Köpfe her. Kämmer & Reinhardt entwickelten neue Verbindungsmethoden für Puppenkörper. Jede Verbesserung mußte patentiert werden, da bei dem Wettbewerb Ideen sofort kopiert worden wären, wenn eine Erfindung nicht patentiert war. Aus diesem Patentmaterial haben wir die Informationen über unsere Puppen erhalten. Kämmer behauptete, der erste zu sein, der eine Öffnung in den Puppenmund geschnitten und Zähne eingesetzt hätte.

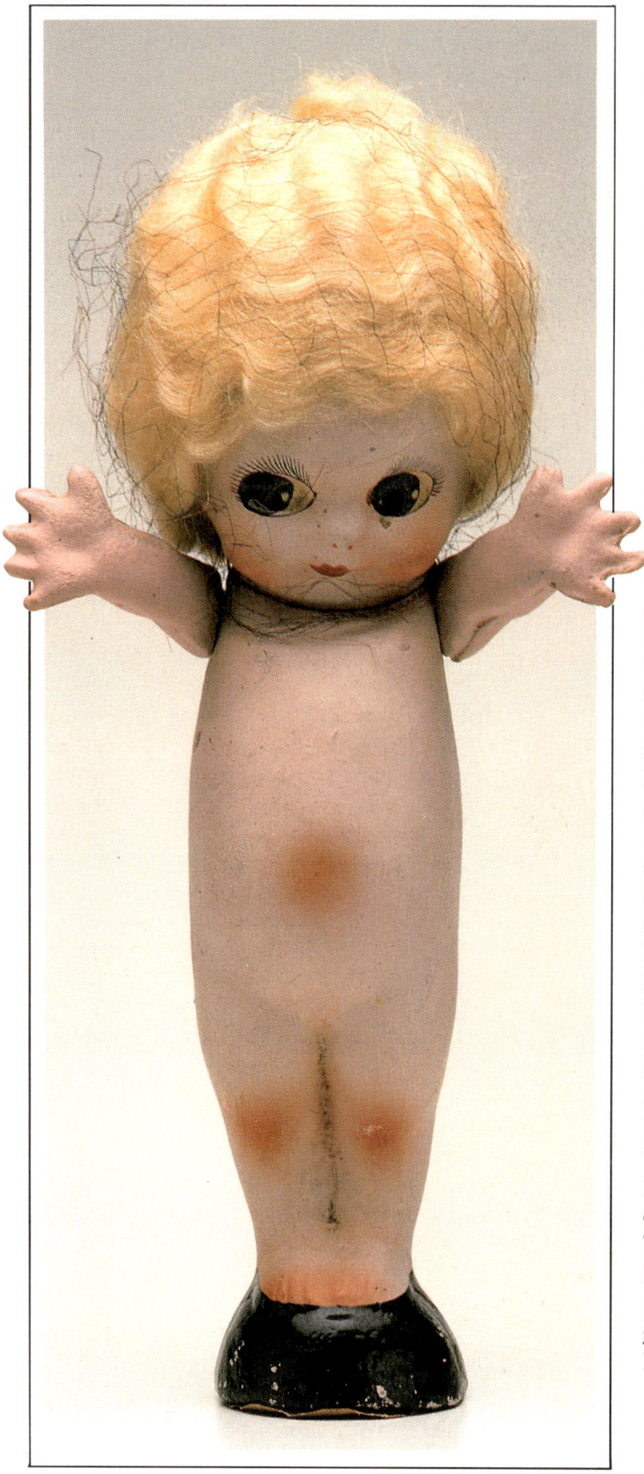

Heinrich Handwercks Fabrik wurde 1876 in Gotha gegründet. Max Handwerck könnte Heinrichs Sohn gewesen sein. Er gründete 1900 eine Fabrik, die Puppenkörper und -köpfe mit Kugelgelenken herstellte. Obwohl Kämmer & Reinhardt diese Fabrik übernahmen, wurde sie getrennt geführt. Die meisten Köpfe, die verwendet wurden, stellte Simon & Halbig her, und es wird angenommen, daß die Puppen, deren Formnummern mit '9' enden, Simon-&-Halbig-Puppen sind.

Franz Reinhardt war der Geschäftsmann der Firma, und nach Kämmers Tod wurde er wagemutiger und risikofreudiger. Nach Heinrichs Tod 1902 kaufte er die Heinrich-Handwerck-Fabrik auf. Diese Firma hatte Puppenkörper produziert. Die Kämmer-&-Reinhardt-Puppen vor 1901 waren von Kämmer modelliert worden, und nach seinem Tod wurden sie von Simon & Halbig hergestellt. Die berühmten Kämmer-&-Reinhardt-Charakterpuppen (vgl. S. 105) wurden mit Sicherheit von Simon & Halbig gemacht. Reinhardt dehnte sich aus, und um 1932 war seine Firma die führende Puppenfirma in Waltershausen. Er übertraf sogar Kestner. Die Firma Rheinische Gummi- und Zelluloidfabrik Co. stellte Zelluloidpuppen mit dem Schildkrötenzeichen für Kämmer & Reinhardt her. Die Firma soll auch den Babykörper mit gebogenen Gliedmaßen - einen fünfteiligen Körper - im Jahre 1909 eingeführt haben.

Franz Schmidt mit dem Firmenzeichen F.S. & Co. Gengenthal kam um 1890 auf die Puppenbühne und stellte Puppenkörper und -teile her. Simon & Halbig fertigte Köpfe nach seinem Entwurf, deshalb findet man manchmal beide Firmenzeichen. Manche Köpfe haben durchgestoßene Nasenflügel oder richtige Löcher in der Nase. Es wird behauptet, das sei auf seine Anweisung geschehen. Diese Köpfe wurden 1912 auf den Markt gebracht. Er stellte Holz-, Gips- und Zelluloidpuppen her und behauptete, er sei der erste gewesen, der Charakterpuppen Schlafaugen gegeben habe. Die ersten Charakterpuppen von Kämmer & Reinhardt haben gemalte Augen.

Die Firma Adolf Wislizenus aus Waltershausen war eine der ersten. Sie wurde 1851 gegründet und stellte Gips- und Papiermachépuppen her und vertraute für die Produktion der Biskuitköpfe auf Simon & Halbig. Ihre Köpfe sind gekennzeichnet mit: 'A.W.', 'A. W.W.' und 'A.W. Spezial'.

Ein paar Puppenmacher waren im benachbarten Bayern ansässig, wo es ebenso dichte Wälder und reiche Tonvorkommen wie in Thüringen gab. Eine der bekanntesten Firmen ist Schönau & Hoffmeister, die 1901 als Porzellanfabrik begann und einen fünfzackigen Stern zum Firmenzeichen machte. Sie produzierten Puppen mit offenem und geschlossenem Mund.

LINKS: Mischmassepuppe vom Typ 'Kewpie' mit ausgearbeiteten Armen, Angorahaarperücke mit Haarnetz, Augen, mit Schablone aufgemalt, und gemalten Wimpern. (Sammlung der Autorin)

RECHTS: Orientalische Puppe, 35 cm groß, um 1914 mit dem Zeichen: 'F 10 243 JDK', mit offenem Mund, blauen Glasaugen. Sie trägt original chinesische Kleidung mit Metallfäden, in Blau, Grün und Rot aufgestickt. (Sotheby's)

OBEN: Zwei bemalte Biskuitpuppen mit offenem Mund, gekennzeichnet mit: 'Armand Marseille Germany, 996 A2/OM', gut erhalten in der Originalverpackung. Der Mischmassekörper ohne Gelenke ist 32,5 cm groß. (Sammlung Leona und Naomi Gerwat-Clark)

RECHTS: Puppe mit Biskuitkopf und offenem Mund, Kennzeichen K☆R, Simon & Halbig 80. Sie hat eine Echthaarperücke, geformte Augenbrauen und ist 77,5 cm groß. (Sammlung der Autorin)

GEGENÜBER: Puppe ganz aus Biskuit, mit dem Kennzeichen 'Armand Marseille A 7 1/2 M'. Sie trägt Originalkleidung, aber ihre Echthaarperücke wurde nachträglich aufgesetzt. (Sammlung der Autorin)

UNTEN LINKS: Diese Armand-Marseille-Puppe mit einem ungewöhnlichen Gesicht trägt das Kennzeichen 'AM 12 Dep Made in Germany'. Ihre ursprüngliche Kleidung besteht aus einem grünen Wollmantel und einem Strohhut. Ihr Gesicht ähnelt den von Heinrich Handwerck hergestellten Puppengesichtern. Sie schiebt einen Spielzeugbäckerwagen. (Sammlung der Autorin)

OBEN: Puppe mit Biskuitkopf und offenem Mund, 34 cm groß, Kennzeichen '79 10X Germany HANDWERCK'. (Sammlung der Autorin)

AUSSEN RECHTS: Heinrich-Handwerck-Puppe mit Biskuitkopf und Mischmassekörper, 47,5 cm groß. (Sammlung der Autorin)

RECHTS: Gebrüder-Heubach-Charakterpuppe mit Biskuitkopf und als kleiner Junge gestaltet. Kennzeichen: Sonnenaufgang und '8 Germany'. (Sammlung der Autorin)

Die führenden Puppenmacher aus Thüringen stellten als erste die Charakterbabypuppe her. Die ersten dieser Puppen wurden von Kämmer & Reinhardt gefertigt, denen man nachsagt, sie seien auf einer Puppenausstellung von Marion Kaulitz, einer fortschrittlichen Puppenmacherin aus München, inspiriert worden.
Mit der Entscheidung, realistischer aussehende Puppen herzustellen, löste man sich von der Tradition niedlicher Puppenfabrikation und schaffte Spielzeug, mit dem sich Kinder identifizieren konnten. Man erkannte, daß Babies nicht immer hübsche Gesichter haben, daß sie manchmal mehr wie alte Menschen aussehen. 1909 wurden die Puppen zunächst gleichgültig aufgenommen, aber dann waren sie plötzlich so beliebt, daß die Firma die Nachfrage nicht mehr decken konnte. Das Zeitalter der Charakterpuppe hatte begonnen. Die von Kämmer & Reinhardt produzierten Exemplare gehörten zur Crème de la crème der deutschen Puppenindustrie. K☆R-Charakterpuppen waren numeriert. Es begann mit der Formnummer 100; ihr folgte 101, die Form eines Jungen oder Mädchens, die liebevoll Peter oder Marie genannt wurde. Dieses Modell wurde mit gemalten Augen und Glasaugen hergestellt. Reinhardts Neffe diente als Vorbild für die Jungen- und Mädchenformen 114 im Jahr 1910, die Hans und Gretchen hießen. Es gibt sie auch, obwohl selten, als Kopf mit Schulterstück und Kinderkörper. Einige Modellnummern scheinen zu fehlen. Möglicherweise wurden Entwürfe angefertigt, die nicht produziert wurden; zum Beispiel 108, 111 und 113 sind bisher nicht aufgetaucht. Gefunden wurde Nummer 115 mit geformtem Haar, Glasaugen, geschlossenem Mund und Kleinkindkörper. Eine andere Ausgabe, 115a, hat eine Perücke, Glasaugen, geschlossenen Mund und ist die ursprüngliche Form einer Käthe-Kruse- und einer Schoenhut-Puppe. Form 116 ist eine spätere Version von 100, das sogenannte 'Kaiser-Baby', ein Junge mit offenem Mund, Zähnen und Zunge, mit gemaltem und geformtem Haar. Der Name ist nur ein Spitzname, den die Sammler dieser Form gegeben haben, und hat nichts mit dem Kaiser als Kind zu tun. Man glaubt, daß der Künstler, der die Büste modellierte, seinen Sohn als Modell benutzt hat. Die nächste Form ist die sehr schöne 117 mit offenem und geschlossenem Mund. Die 117a mit offenem Mund hat Zähne und scheint älter als die 117n mit offenem Mund, Zähnen und kessem Blick.
Daß zwischen den Puppen von Kämmer & Reinhardt, Käthe Kruse und Schoenhut eine gewisse Verwandtschaft besteht, ist so gut wie sicher. Aber es ist auch möglich, daß Ideen einfach kopiert wurden.

Auf jeden Fall sehen 115 und 115a genau wie Käthe-Kruse-Puppen aus, und Käthe Kruse nahm ihre Kinder als Vorbilder. Die Formen 118 bis 120 sind nicht gefunden worden. Form 121 ist eine Baby- oder Kleinkindpuppe mit offenem Mund, Zähnen und Zunge; 122 ein Baby oder Kleinkind; 123 ein Junge mit lustigem Gesicht, geschlossenem Mund und lächelndem Blick; 125 ist nicht gesichtet worden; 126 ist ein Baby oder Kleinkind mit offenem Mund und mechanischen Augen; 127 ist ein Baby mit gemaltem Haar aus Biskuit; 128 bis 130 sind bisher nicht entdeckt worden. An dieser Liste erkennt man, wie viele Ideen Kämmer & Reinhardt hatte und in die Tat umsetzte.

Zu den übrigen Herstellern gehört die Firma Kestner, deren Formnummern verwirrend sind; manchmal werden sie von den Initialien J.D.K. begleitet und manchmal nicht. Die Charakterformnummern bilden eine Serie von 178 bis 190 (Ausnahme ist 188, die bisher nicht gefunden wurde) und eine 200er Serie. Die Puppen haben offene oder geschlossene Münder und offen-geschlossene Münder (was bedeutet, daß der Mund offen wirkt, die Lippen sind geteilt, aber die Biskuitöffnung ist nicht ausgeschnitten worden). Die meistgefragte Kestnercharakterform ist 243, das orientalische Baby.

OBEN LINKS: Puppe mit Biskuitschulterkopf, offenem Mund, Kennzeichen auf dem Kopf 'S & H 1079 Dep Germany'. Sie ist 58,5 cm groß und hat einen Kinderkörper. Ihre Gliedmaßen sind aus Holz und Gips. Sie trägt das original rosa Spitzenkleid, einen passenden Hut und hat eine Angorahaarperücke. (Granny's Goodies, London)

OBEN RECHTS: Orientalische Charakterpuppe mit Biskuitkopf und offenem Mund von Simon & Halbig, 50 cm groß, Kennzeichen: 'SH 1129 Dep 10'. Beachten Sie die feine Tönung. Sie hat einen Mischmassekörper mit Gelenken und wunderbare Originalkleidung.

Armand Marseille machte Charakterpuppen mit aufgemaltem Haar, gemalten Augen und geschlossenen Mündern mit den Nummern 500, 550, 590 und 600. Die bekannteste war 351 (offener Mund) und 341 (geschlossener Mund), das 'Dream Baby' in verschiedenen Größen.

Simon & Halbig stellte Charakterpuppen mit offenem und geschlossenem Mund, mit gemalten Augen oder Glasaugen in einer Vielzahl her, zum Beispiel 150 bis 153, 1279, 1294, 1299 und einige 1300er Seriennummern.

Die Gebrüder Heubach fertigten ebenfalls viele Charakterpuppen an. Ihr Nummernsystem ist etwas verwirrend. Die Puppen mit den fünfstelligen Nummern müßten die späteren sein, aber die mit den vierstelligen Nummern sind die späteren Puppen. Manchmal sind die Nummern nicht richtig eingedruckt, deshalb muß man vorsichtig sein, wenn man eine Nummer zu entziffern versucht. Einige Puppen haben nur das Zeichen der aufgehenden Sonne und andere das Quadrat. Es besteht also keine Einheit, und selbst die Hersteller müssen verwirrt worden sein.

Alles in allem gab es viele Charakterpuppen, und der Sammler hat eine große Auswahl, allein unter den Produkten der Firma Heubach.

OBEN LINKS: Mulattenpuppe mit Biskuitkopf, offenem Mund und Schlafaugen. Der Kopf ist gekennzeichnet mit 'S & H, K & R'. Sie hat einen schwarzen, beweglichen Mischmassekörper und ist 55 cm groß.

OBEN RECHTS: Hübsche Puppe mit Biskuitkopf und dem Kennzeichen K☆R Simon & Halbig 117. Sie hat einen geschlossenen Mund, echtes Haar, gemalte Augenbrauen und einen vollbeweglichen Körper. Sie ist 77,5 cm groß. (Sammlung der Autorin)

RECHTS: K☆R-Charakterpuppe in bestem Zustand mit geschlossenem Mund. Sie ist 75 cm groß, der Kopf ist gekennzeichnet mit 'K☆R Simon & Halbig 117'. Sie trägt das Originalkleid, Unterwäsche, Strümpfe und Schuhe. (Granny's Goodies, London).

Sammlung Deutscher Puppen — Wo Beginnen?

Puppen für begrenztes Budget. Viele Anfänger werden mit A.M.-Puppen beginnen, da sie sehr häufig sind. Das sogenannte 'Dream Baby' wird vielfach zuerst erworben. Die späteren Puppen und Babypuppen der verschiedenen Hersteller aus den Jahren um 1910 sind ebenso leicht zu erhalten.

Puppen im mittleren Preisbereich. Die Puppen der Firmen Kestner und Simon & Halbig gehören in diese Kategorie. Zustand und Gesichtsbemalung wirken sich auf den Preis aus. Die Originalkleidung spielt auch eine wichtige Rolle.

Puppen im oberen Preisbereich. Alter bestimmt nicht den Preis, die späteren, aber selteneren Charakterpuppen gehören in diese Gruppe. Seltene Formnummern erzielen hohe Preise, ebenso die Ausgaben der Puppen mit niedlichen Gesichtern und geschlossenem Mund.

FRANZÖSISCHE PUPPEN

Die Geschichte der französischen Puppe beginnt in der Mitte des 19. Jahrhunderts. Davor war der Einfluß der französischen Puppenindustrie klein; es gab ein paar Papiermachépuppen, die den Sonnebergpuppen aus Deutschland ähnelten, und einige deutsche Puppenköpfe auf französischen Körpern, aber die Informationen darüber sind etwas ungenau und unverläßlich. Die Köpfe waren nicht gekennzeichnet, folglich kann man sie schwer einsortieren. Oft wird angenommen, daß ein Kopf, der keiner deutschen Firma zugeordnet werden kann, französischer Herkunft war oder aber in Deutschland für den französischen Markt hergestellt worden war. Nur gibt es kaum Beweise dafür.

Französische Puppen waren für die verwöhnten Reichen, und mit ihren ausgefallenen Kostümen, die von unabhängigen Heimarbeitern in bescheidenen Seitenstraßen genäht wurden, haben sie ihre Spitzenposition in der Welt der Puppensammler gehalten. Die Qualität, die Einzelheiten und die überreichen Verzierungen der Kleider haben die französischen Puppen so bekannt gemacht. Sie waren vollständige Abbilder der damaligen Mode, und gerade mit der Originalkleidung lassen sich hohe Preise erzielen. Es ist erstaunlich, daß 1855 eine Puppe mit neunteiliger Babyausstattung einen Franc und 19 Centimes kostete.

Die Firma Jumeau gab der französischen Puppenindustrie ihre Anstöße. Wertvolle Informationen sind zeitgenössischen Berichten über Ausstellungen und Branchenverzeichnissen entnommen worden. Ohne sie wären unsere Kenntnisse dürftig. Die Firma wurde 1842 von Pierre François Jumeau gegründet, der für kurze Zeit eine Partnerschaft mit Belton hatte, über den man wenig weiß. Frühe Puppenköpfe mit Schulterstück und Lederkörpern wurden oft 'Beltonköpfe' genannt, obwohl Jumeau behauptete, er habe 1840 das Patent für die Bébé-Puppen erhalten. Émile Jumeau, der jüngere Sohn von Pierre François übernahm 1875 die Firma und entwickelte sie weiter. Er ließ sich Puppenköpfe aus Deutschland liefern, offenbar aus Kostengründen, und kaufte sogar Wachsköpfe aus England. Seine frühen Puppen sind mit E.J. gekennzeichnet, und Sammler nennen sie auch kurz EJs. 1873 expandierte die Firma zur Fabrikgröße, recht groß für die damalige Zeit in der Puppenherstellergegend von Montreuil nahe Paris. Trotzdem wurde noch eine große Anzahl von Heimarbeitern beschäftigt. Das Gebäude steht heute noch, gehört aber einem Plastikkonzern.

OBEN: Französische Puppe mit Biskuitkopf und geschlossenem Mund, 65 cm groß. Der Kopf trägt das Zeichen 'F.G. 10'. Sie hat unbewegliche blaue Augen, Pausbacken und einen Mischmassekörper mit Gelenken, aber unbeweglichem Handgelenk. Sie trägt nicht ihre ursprüngliche Perücke (Granny's Goodies, London).

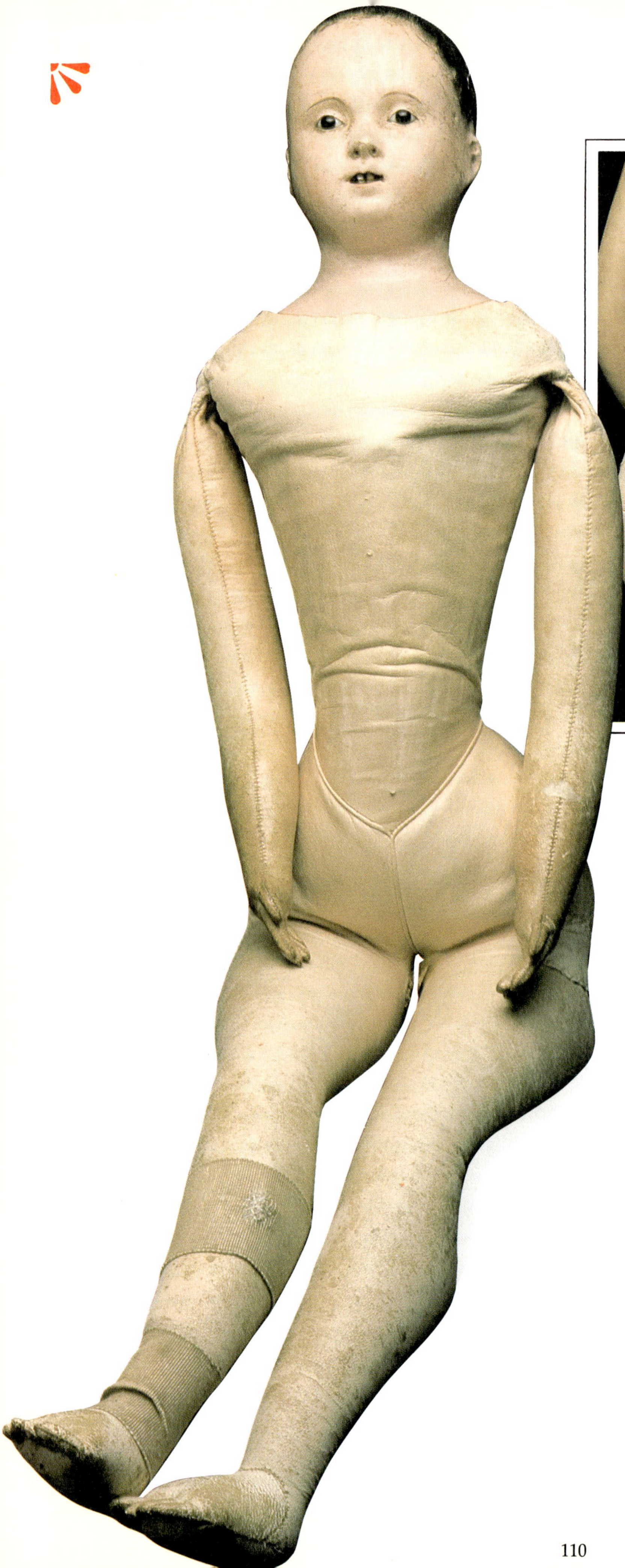

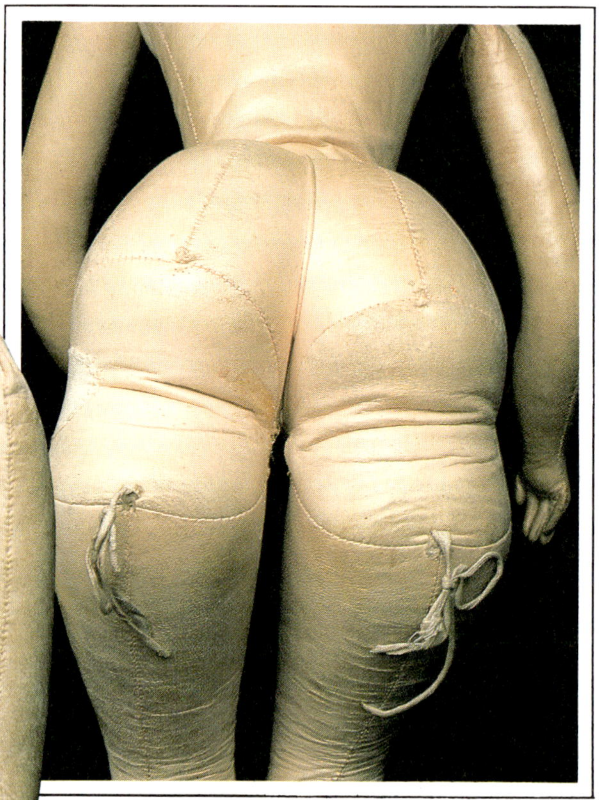

OBEN UND LINKS: Französischer rosa Ziegenlederkörper, nach der Figur eines Erwachsenen geformt, mit eingesetzten Zwickeln für Bewegungsfreiheit. Diese Art Körper wurde in der Mitte des 19. Jahrhunderts eingeführt. Beachten Sie auch die detaillierten Finger und Zehen. RECHTS: Wunderschöne französische Steiner-‘A’-Form-Puppe aus Biskuit mit geschlossenem Mund und Originalkleidung.

Heimarbeiter wurden hauptsächlich gebraucht, um die wunderbaren Kleider zu entwerfen und zu schneidern. Jumeau beschäftigte Waisenkinder und Gefangene – die billigsten Arbeitskräfte –, um die Kosten niedrig zu halten; der Wettbewerb mit den preiswerteren deutschen Puppen, die importiert wurden, war sehr groß. Die Qualität der deutschen Puppen war ausgezeichnet, und die deutschen Körper haben besser gehalten als die französischen. Der Gipsüberzug der französischen Körper wird leichter brüchig und blättert ab, besonders an den Fingern. Pierre François war konservativ in seinen Ideen, und der Erfolg und Fortschritt der Jumeau-Fabrik war das Ergebnis von Émiles Bemühungen. Das Wort 'Bébé' scheint 1859 zum ersten Mal benutzt worden zu sein, war aber um 1870 im allgemeinen Sprachgebrauch. Es wurde benutzt, um Puppen mit kindlichen Gesichtern von Modepuppen zu unterscheiden, die wie erwachsene Frauen aussahen und 'Parisiennes' genannt wurden.

PARISIENNES

Die frühen Jumeau-Köpfe sind schwer zu erkennen, da sie nicht gekennzeichnet sind. Parisiennes wurden um 1860 entwickelt und waren ein getreues Abbild ihrer eleganten und wohlhabenden Zeit. Wie Prinzessin Diana Einfluß auf die heutige Mode hat, so hatte damals die Kaiserin Eugénie Einfluß auf die reiche Mode, die man an den Parisiennes bewundern kann, deren Kleider überlebten. Oft sind die Kostüme abgetragen und zerschlissen, aber der Sammler wird nachdrücklich gebeten, sie nur reparieren, aber nicht ersetzen zu lassen. Die Parisiennes mit ihren Tournüren und feinen Kleidern aus Seide, Wolle oder Spitze sind ein wunderbarer Beleg für die Eleganz und Extravaganz vergangener Zeiten. Parisiennes-Köpfe wurden an ausgestopfte Lederkörper mit Zwickeln genäht. Die Gliedmaßen waren aus Leder, Holz oder Porzellan. Billigere Köpfe wurden in einem Stück mit der Schulter hergestellt. Bei diesen wurden die Augen oft aufgemalt. Die Perücken waren meist aus Tierfell. Die Köpfe sind meistens nicht gekennzeichnet, und die Stücke mit den gemalten Augen werden Huret oder Rohmer zugeordnet, obwohl manche davon eindeutig Jumeau hergestellt hat.

OBEN LINKS: Französische Bébé-Puppe mit Biskuitkopf, geschlossenem Mund, braunen Augen und dem Zeichen 'Déposée tête Jumeau Bte.S.G.D.G.' und eingeprägter '11'. Der Körper ist aus Mischmasse mit Gelenken. (Granny's Goodies, London)

LINKS: Äußerst ungewöhnliche französische Clownpuppe mit offenem Mund und einem Biskuitkopf. In den Kopf ist eingraviert 'Déposée, fabrication française favorite No. 6 [nächstes Wort unleserlich] A.L. & Cie, Limoges' und in Rot 'Déposée la Georgienne'. Die Puppe hat einen Mischmassekörper mit Gelenken, ist 47,5 cm groß und trägt wahrscheinlich ihre Originalkleidung. (Granny's Goodies, London)

RECHTS: Französische Bébé-Puppe mit Biskuitkopf, geschlossenem Mund, braunen Augen und dem Zeichen 'Déposée tête Jumeau'. Dann sind da noch ein paar rote Haken und eine eingravierte '9'. Perücke und Kleidung sind original. (Granny's Goodies, London)

Bébé Jumeau

Die Bébés waren wie schon erwähnt kindähnliche Puppen. Ihr Reiz lag darin, daß man sie bewegen konnte; frühe Exemplare hatten unbewegliche Handgelenke und separate Kugelgelenke für Schulter, Ellenbogen, Schenkel und Knie. Sie waren allgemein beliebt, und der Verkauf florierte. 1881 sollen 85 000 Puppen verkauft worden sein. 1889 soll die Firma Jumeau 1000 Angestellte gehabt haben und pro Woche 300 000 Puppen abgesetzt haben. Die ganz frühen Puppen waren nicht gekennzeichnet und werden 'Mandelaugen', 'Jumeaus erste Zeit' oder 'Jumeau-Porträts'

LINKS: Drei F.-G.-Modepuppen mit drehbaren Biskuitköpfen. Die Jumeaupuppe außen links stammt von 1870, die anderen beiden sind etwa 10 Jahre jünger. Alle tragen Originalkleidung. (Sotheby's, London)

OBEN LINKS: Diese A.-T.-Puppe, gekennzeichnet mit 'A.11.T.', hat ungleiche Augenbrauen. Ihr Mund hat eine dünne Linie zwischen den Lippen. Der Perückenstil gleicht dem der alten Bru-Perücken. (Sammlung Mildred D. Seeley)

genannt. Ebenfalls aus der ersten Zeit stammt die 'Jumeau triste' oder 'Long Face Jumeau', wie amerikanische Sammler sie nennen. Diese Köpfe sind nie gekennzeichnet, und die Körper tragen den Jumeau-'Médaille d'Or Paris'-Stempel in Blau. Die späteren Jumeau-Köpfe mit geschlossenem Mund sind manchmal in Rot gekennzeichnet 'Déposée Tête Jumeau Breveté S.G.D.G.' oder haben rote oder schwarze Haken und Kontrollzeichen zusammen mit einer Größenbezeichnung. Andere Köpfe haben nur eine Größenbezeichnung. Viele tragen das ovale Schild auf dem Körper: 'Bébé Jumeau Diplôme d'Honneur'. Das 'B.L.'-Zeichen steht wahrscheinlich für 'Bébé Louvre', eine Puppe, die Jumeau für das Warenhaus Magasins du Louvre herstellte. 1888 wurde das Jumeau-Bébé mit offenem Mund vorgestellt. Obwohl es teurer war, wurde es begeistert aufgenommen. Ironischerweise kostet die Ausgabe mit geschlossenem Mund doppelt so viel wie die mit offenem Mund. Manche der Puppen mit offenem Mund sind mit dem roten Stempel der frühen Puppen mit geschlossenem Mund gekennzeichnet und alle mit Größennummer versehen, während andere nur einen einfachen roten Tête-Jumeau-Stempel tragen, und ebensoviele tragen kein Kennzeichen, sondern nur eine Größenbezeichnung. Außerdem gibt es welche, die mit der Jahreszahl 1907 und der Größenbezeichnung versehen sind.

1899 schlossen sich französische Puppenhersteller unter einem neuen Namen zusammen: Société Française de

OBEN RECHTS: Frühe Schmitt-Puppe, 42,5 cm groß. Der Kopf ist mit Hammer und Schild gekennzeichnet. Originalschaffellperücke und Originalkleid.
(Sammlung Mildred D. Seeley)

OBEN LINKS: Diese hübsche Jumeaupuppe mit 'langem Gesicht' trägt das handgenähte Originalkleid mit einer Schleife im Rücken, die vielleicht später angenäht wurde. (Sammlung Mildred D. Seeley)

OBEN RECHTS: Wunderhübsche französische Biskuitpuppe mit braunen Augen, feiner Gesichtsbemalung und original blonder Angorahaarperücke. Im Kopf eingraviert 'Bru Jne. 9', dasselbe steht auf dem Schulterstück. Sie hat einen drehbaren Hals, einen Ziegenlederkörper, Biskuitunterarme und Unterbeine aus Holz. (Granny's Goodies, London)

Fabrication de Bébés et Jouets (S.F.B.J.) (Französische Hersteller von Babypuppen und Spielzeug), weil die deutsche Konkurrenz stärker geworden war. Die Gruppe bestand aus zehn Vertragspartnern, und obwohl die frühen Formen verwandt wurden, ließ die Qualität der Puppen nach, da die Kosten der Produktion zum wichtigsten Faktor geworden waren. Zu den ebenfalls bekannten französischen Puppenmachern gehörten: Maison Rohmer (1857 – 1890), E. Denamur, Paris (1857 – 1898, Hersteller von Bambin Bébé), Schmitt & Fils, Paris (1863 – 1891), Roullet & Decamps (1865 – 1910), Fleischmann & Bloedel aus Fürth/Bayern und Paris (1875 – 1890), Petit & Dumontier (1878 – 1890), Hersteller unzerbrechlicher Puppen), Danel & Cie (1889 – 1895) und May Frères (1890 – 1897), auch bekannt als May & Bertin und May Fils, die sich 1897 mit Steiner zusammenschlossen und die Bébé Mascotte herstellten).

RECHTS: Französische Charakterpuppe mit blauen Schlafaugen, der Kopf trägt das Zeichen 'S.F.B.J. 251'. Die Puppe ist 50 cm groß und gekleidet wie ein Matrosenjunge.

WELLINGTON
I'm A
TEDDY
BEAR
Booster
Sacramento
84

Bru (Bru Jnr & Cie, 1866 – 1899)

Vor allen französischen Firmen der Zeit liegt die von Léon Casimir Bru 1866 gegründete Firma von der Qualität und dem Entwurf her vorne. Sein Sohn Casimir Bru Jeune übernahm die Firma. Bru-Puppen haben einen rosa oder weißen Ziegenlederkörper und bewegliche Porzellan- oder Holzgliedmaßen. Bru stellte Porzellan-, Gummi- und Gipsköpfe her, zweigesichtige Puppen und ein trinkendes Bébé (Bébé Têteur genannt). Die Köpfe auf den Lederkörpern waren drehbar und besaßen eine Brustplatte. Frühe Bru-Puppen waren mit einem Halbmond und einem Punkt oder einem Kreis mit Punkt gekennzeichnet. Diese Puppen gehören zu den geschätztesten in jeder Sammlung und erzielen hohe Preise. Ihre Gesichter haben einen unerreichten drolligen Charme, und zusammen mit den Thuillier-Puppen ('A.T.') gehören sie in den oberen Preisbereich. Spätere Bru-Puppen haben offene Münder und Gipskörper. Brus Nachfolger war Paul Girard, seine Puppen trugen das Zeichen P.G.

Gaulthier (Gauthier, 1860 – 1916)

Fernand Gaulthier stellte Modepuppen mit Biskuitköpfen und Leder- oder Mischmassekörpern von feiner Qualität her. Drehbare Köpfe mit Schulterstück wurden auf französische Modekörper mit Ziegenleder- oder Biskuitarmen gesetzt. Oft wurden sie auf dem Schulterstück mit den Initialen F.G. versehen. Die frühen Mädchenpuppenköpfe auf Mischmassekörpern sind mit F.G. gezeichnet, während die späteren dieses Zeichen in einer Rolle tragen. Die Firma stellte Puppen mit offenem und geschlossenem Mund her. Sie war bekannt für ihre ausgezeichnete Qualität und außergewöhnlichen Augen: groß und mit durchdringendem Blick berühren sie den Betrachter tief. Die Mädchenpuppen haben eine gewisse kindliche Ausstrahlung.

Jules Nicholas Steiner, 1855 – 1891

Steiners Puppen sind die beliebtesten französischen Puppen, besonders die vom Typ 'A' mit ihren süßen, ausdrucksvollen Gesichtern. 1897 kaufte die Firma May Frère Puppen auf und spezialisierte sich auf sprechende Bébés: 1890 erhielt sie ein Patent für ihr 'Bébé Premier Pas' (Babys erster Schritt), mit offenem Mund, zwei Reihen Zähnen und einem aufziehbaren Kinderkörper. Die Puppe war nicht gekennzeichnet und hatte einen gewölbten Schädel und einen Sprechmechanismus. Steiner gewann viele Preise mit ihr. Seine Puppen sind mit Buchstaben gekennzeichnet, und ihre Größe wird mit dem jeweiligen Buchstaben angegeben. Der Name Bourgrin ist auf manchen Köpfen zu finden. Am Ende der Firmengeschichte führte E. Daspres das Geschäft.

AUSSEN LINKS: Albert-Marque-Puppe, 55 cm groß, mit Originalperücke und -kleidung. Diese Puppe gehört zu den feinsten Stücken, die ein Sammler besitzen kann. (Sammlung Mildred D. Seeley)

LINKS: Französische Puppe mit offen-geschlossenem Mund, 67,5 cm groß, mit geprägtem 'Bru Jne. 11'. Ihre Lippen sind leicht geöffnet und in zwei Farben bemalt. Sie trägt Originalkleidung. (Sammlung Mildred D. Seeley)

OBEN LINKS: S.F.B.J.(Société française de fabrication de bébés et jouets)-Charakterpuppe mit offen-geschlossenem Mund und dem Zeichen 'S.F.B.J. 236' am Kopf. Das ist der sogenannte 'Lachende Jumeau, eine Charakterpuppe mit zwei geformten Zähnen und Kleinkindkörper mit beweglichen Gliedmaßen, 55 cm groß. (Granny's Goodies, London)

SAMMLUNG FRANZÖSISCHER PUPPEN – WO BEGINNEN?

Puppen für begrenztes Budget. Die meisten französischen Puppen gehören nicht in diese Kategorie, aber es gibt eine Reihe S.F.B.J.- und Touristenpuppen. Restaurierte oder beschädigte Exemplare sollten in Betracht gezogen werden.

Puppen im mittleren Bereich. Puppen mit offenem Mund sind nicht so teuer wie die mit geschlossenem Mund. Die meisten S.F.B.J.-Charakterpuppen wie Mädchenpuppen zählen zu dieser Kategorie, wie auch die späteren besseren Ausgaben.

Puppen im Spitzenbereich. Dieser Bereich umfaßt die Puppen mit geschlossenem Mund aller Hersteller. Je beliebter die Exemplare, um so höher der Preis. Die teuersten sind Bru, Thuillier (A.T.), Puppen mit dem Zeichen 'A. Marque' auf Biskuitköpfen und Puppen mit dem Zeichen 'H'.

OBEN RECHTS: Seltene französische Schaufensterpuppe in Lebensgröße, ohne Zeichen, wahrscheinlich von Bru, mit feststehenden blauen Augen, geschlossenem Mund und feiner Gesichtsbemalung. Sie trägt Originalperücke und -kleidung. (Sammlung Claude Detave, Paris)

Die Ära der modernen Puppen

OBEN: Vier englische Puppen aus der Vorkriegszeit. Die Puppe rechts mit den blonden Zöpfen ist aus Stoff. Daneben sind zwei Steingutpuppen mit gebogenen Gliedmaßen. Die kleinere Puppe im Vordergrund ist eine Pedigree-Mischmassepuppe mit gebogenem Babykörper, Schlafaugen und einem ziemlich zerkratzten Gesicht. (Sammlung der Autorin)

Der Beginn dieser Ära ist schwer zu bestimmen. Madame Alexander, Lenci und Steiff produzieren noch, und ihre modernen Kreationen werden besonders von den jungen Menschen gesammelt. Firmen wie Arranbee sind in den USA von 1922 bis 1960 in Betrieb gewesen. Mattel Inc. mit 'Barbie' und 'Ken' haben das Interesse für die moderne Puppe geweckt und bringen uns in das Zeitalter des Plastiks und Vinyls. Dewees Cochran aus Kalifornien stellt Latexpuppen her, die unter dem Arm oder hinter dem Ohr gekennzeichnet sind. Die Ideal Novelty & Toy Co. in Brooklyn (1907) ist ein weiterer bekannter amerikanischer Name. Unter der Leitung von Benjamin Michtom, dessen Vater, Morris, den Teddybär populär machte, hatte die Firma viel Erfolg. Michtom produzierte Puppen zur Verkaufsförderung bestimmter Produkte. Außer diesen Werbepuppen hat Ideal viele Charakterpuppen wie Judy Garland, Schneewittchen, Deanna Durbin und Pinocchio hergestellt.

EFFanBEE ist das Firmenzeichen des bekannten amerikanischen Puppenherstellers Fleischaker & Baum.

NÄCHSTE SEITE: Cabbage-Patch-Kinder. Diese Stoffpuppen wurden 1984 das erste Mal von der amerikanischen Firma Caleco Inc. auf den Markt gebracht und zum meistverkauften Produkt in der Geschichte der Spielzeugherstellung. Immerhin sind die ersten Modelle mit ihren Adoptionspapieren schon Sammlerstücke. (Caleco, Inc.)

Die Firma begann 1912 und produzierte solche Beliebtheiten wie 'Baby Grumpy', 'Lovums', 'Skippy', 'Lamkin', und die 'Amerikanischen Kinder'-Serien von 1939. Sie stellte auch historische Puppen und Porträtpuppen (1940) her.

Peggy Nisbet aus Somerset, England, hat sich auf die Kunst der Kostümpuppen spezialisiert und solche Charaktere wie Heinrich VIII. und seine Frauen, Mary Poppins, Christopher Robin und Pooh den Bär gemacht. In letzter Zeit hat sie eine begrenzte Auflage (1000) von Prinz Charles und Prinzessin Diana als Hochzeitspaar produziert. Ferner hat sie eine begrenzte Auflage der Königskinder hergestellt (Prinzessin Diana mit Prinz William und Prinz Harry) und Prinz Andrew und Sarah Ferguson als Hochzeitspaar (ebenfalls begrenzte Auflage für Sammler).

Pedigree Dolls und Toys Ltd. (1938) aus Canterbury, England, ist ein wohlbekannter, moderner englischer Puppenhersteller. Er war die erste Firma, die qualitativ hochwertige Gipspuppen herstellte. Zu ihren Produkten zählten Miniaturen (1959), aber am bekanntesten geworden sind sie mit Sindy, die 1962 gefertigt wurde, eine Teenagerpuppe, 29 cm groß und mit einem wundervollen Zubehör. Barbie und Sindy kamen zur gleichen Zeit auf den Markt und gehören zu den modernen Modepuppen. Sindy erschien als erste in der Fernsehwerbung und hatte bis 1980 ein Monopol auf dem britischen Markt.

Palitoy, eine andere große englische Puppenherstellerfirma, brachte in den 50er Jahren die 'Kullertränchen'-Puppen heraus.

Puppen sind nicht nur ein Spielzeug zum Trost und zur

Unterhaltung der Kinder, sondern sie legen auch Zeugnis ab über Tradition und Lebensweisen.
Die erfolgreichste Puppe der Gegenwart jedenfalls ist die Cabbage-Patch-Puppe (Kohlkopfpuppe), die alle Verkaufsrekorde gebrochen hat.
Eine neue Generation von Puppenmachern ist geboren und bietet uns ihre eigene Interpretation von unserer Welt. Die amerikanische wie die britische Puppenkünstlervereinigung hat hohe Ziele und Richtlinien. Andere kreative Menschen fertigen ihre eigenen Reproduktionen alter Puppen von Vorlagen und Formen an, ja, es ist sogar zu einem wachsenden Hobby geworden und vereint Geschichte, Handwerkskunst und die Liebe zu den Puppen, was dem einzelnen sehr befriedigende persönliche Kreationen erlaubt.
Ich habe die modernen Puppen im Hinblick auf einen neuen Anfang erwähnt, denn morgen gehören sie zu den Sammlerobjekten, wenn nicht schon heute. Die mechanischen Knüller der Zukunft sind Lichtjahre entfernt von den wunderbaren Neuheiten, die die Kinder von gestern liebten: Das Zeitalter des Mikrochips und des Computers kann die Zukunft des Puppensammelns stark verändern, aber welche Materialien verwendet werden, kann sich jetzt noch keiner vorstellen. Es war schon ein langer Weg bis Palitoys 'Kullertränchen'. Viele Kinder finden bis heute keinen Zugang zum Spielzeug von gestern. Den Kindern von morgen wird es genauso ergehen. Es bleibt dem Sammler überlassen, die Brücke zwischen den Generationen zu schlagen, damit die Kinder von morgen die Vergangenheit wenigstens anhand der Dinge verstehen mögen, die frühere Generationen geliebt haben.

Quellen und Bibliographien

Literaturverzeichnis

Hillier, Mary & T.K. Pollocks *Dictionary of English Dolls* (London, 1982)
Foulke, Jan Kestner *King of Dollmakers* (USA, 1982)
Foulke, Jan *Gebrüder Heubach Dolls* (USA, 1980)
Hillier, Mary *Dolls and Dollmakers* (London, 1968)
Foulke, Jan *Simon & Halbig Dolls — The Artful Aspect* (USA, 1984)
St. George, Eleanor *The Dolls of Yesterday* (USA 1948)
Coleman, Dorothy *The Collector's Encyclopedia of Dolls* (London, 1968)
Rustam, Phillis A. *Cloth Dolls — A Collector's Guide* (England, 1980)
Buchholz, Shirley *A Century of Celluloid Dolls* (USA, 1983)
Coleman, Dorothy S. *Lenci Dolls* (USA, 1977)
Borger, Mona *Chinas — Dolls für Study and Admiration* (USA, 1983)
Hillier, Mary *Automata & Mechanical Toys* (England, 1976)
Gerken, Jo Elizabeth *Wonderful Dolls of Papiermaché* (USA, 1970)
King, Constance Eileen *Jumeau* (England, 1983)
Richter, Lydia *The Beloved Käthe Kruse Dolls Yesterday and Today* (USA, 1983)
Noble, John *Dolls* (USA, 1967)
Eaton, Faith *Dolls in Colour* (England, 1975)
Brecht, Ursula *Kostbare Puppen* (Deutschland, 1980)
Seeley, Mildred and Vernon *How to Collect French Bébé Dolls* (USA, 1985)

Museen

England

The Bowes Museum, Barnard Castle, Co. Durham
Bath Museum of Costume, Assembly Rooms, Alfred St., Bath
Birmingham City Museums and Art Gallery, Congrave St., Birmingham
Blaise Castle Folk Museum, Henbury, Bristol BS 107 QS
Cambridge and County Folk Museum, Castle St., Cambridge
Bethnal Green Museum of Childhood, Cambridge Heath Rd., London E2
Victoria and Albert Museum, South Kensington, London SW7
Christine's Doll Museum, 4940 E. Speedway, Tucson, AZ 85712
Cotonlandia Museum, P.O. Box 1635, Greenwood, MS 38930
Cupids Bow Doll Museum, 958 Cambridge Ave., Sunnyvale, CA 94087
Diminutive Doll Domain, Box 757, Indian Brook Rd., Greene, NY 13778
Disney Doll Museum, Grand Lake O' the Cherokees, Disney, OK 74340
Doll Cabinet & Museum, Star Rt., Box 221, Ferriday, LA 71334
Doll Castle Doll Museum, 37 Belvedere Ave., Washington, NJ 07882
Doll Museum & Trading Post, Highway 30, Legrand, IA 50142
Doll Museum al Anne Le Ceglis, 5000 Calley, Norfolk, VA 23508
Dolls Den & Museum, 406 River Ave., Point Pleasant, Beach, NJ 08742
Dolls in Wonderland, 9 King Street, St. Augustine, FL 32084
1840 Doll House Museum, 196 Whitfield, Guilford, CT 06437
Enchanted World Doll Museum, Sioux Falls, South Dakota
Essie's Doll Museum, Rt. 16, Beech Bend Rd., Bowling Green, KY 42101
Faribanks Doll Museum, Hall Rd. (off Rt. 131), Sturbridge, MA
Fairhaven Doll Museum, 384 Alden Rd., Fairhaven, MA 02719
Gay 90's Button & Doll Museum, Rt. 1, Box 78, Eureka Springs, AR 72632
Gerwecks Doll Museum, 6299 Dixon Rd., Monroe, MI 48161
Geuther's Doll Museum, 188 N. Main St., Eureka Springs, AR 72632
Old Brown House Doll Museum, 1421 Ave. F, Gothenburg, NE 69138
Playhouse Museum of Old Dolls & Toys, 1201 N. 2nd St., Las Cruces, NM 88005
Poor Doll's Shop Museum, RR 2, Box 58, Syracuse, IN 46567
Society of Memories Doll Museum, 813 N. 2nd St., St. Joseph, MO 64502
Space Farms Zoo & Museum, RFD 6, Box 135, Sussex, NJ 07460
Storybook Museum, 620 Louis St., Kerrville, TX 78028
Thomas County Museum, 1525 W. 4th St., Colby KS 67701
Time Was Village Museum, Rt. 51, Mendota, IL 61342
Town of Yorktown Museum & Shop, 1974 Commerce St., Yorktown Heigths, NY 10598
Toy Museum of Atlanta, 2800 Peachtree Rd., N.E., Atlanta, GA 30305
Treasure House Doll Museum, 1215 W. Will Rogers, Claremore, OK 74017
University Historical Museum, Illinois State University, Normal, IL 61761
Victorian Doll Museum, 4332 Buffalo Rd., Rt. 33, Rochester, NY 14514
Washington Dolls' House Museum, 5236 44th St., NW Washington, DC 20015
Wenham Historical Museum, 132 Main St., Wenham, MA 01984
Yesteryears Doll Museum, Main & Diver Sts., Sandwich, MA 02563

Händler und Messen

Chelsea Lion, c/o Chenil Gallery 181 – 183 Kings Road, London SW3, England
Cohen Auctions, P.O. Box 425 — Rtes. 20 – 22, New Lebanon, NY 12125, USA
Confederate Dollers, P.O. Box 24485, New Orleans, LA 70124, USA
Jim Fernando, 370 Fair Oaks Street, San Francisco, CA 94110, USA
Granny's Goodies, P.O. Box 734, Forest Hill, London SE23, England
Helen Harten, Red Door Antiques, Prescott, AZ 86031, USA
Jackie Kaner, 9420 Reseda Blvd., Northridge, CA 91325, USA
Kimport Dolls, P.O. Box 495, Independence, MO 64051, USA
The London International Antique Dolls, Toys, Miniatures and Teddy Bear Fair, P.O. Box 734, Forest Hill, London SE23, England
Pollock's Toy Museum, 1 Scala St., London W1
The London Toy & Model Museum, Craven Hill, London W2

The Gallery of English Costume, Platt Hall, Rusholme, Manchester
Arreton Manor, Arreton, Newport, Isle of Wight
The Castle Museum, York

Schottland
The Museum of Childhood, 42 High St., Edinburgh EH 1 1TB, Schottland

Wales
Penrhyn Castle Museum, Bangor
The Welsh Folk Museum, St. Fagan's, Cardiff

Dänemark
Legoland-Museum, Kopenhagen

Frankreich
Musée Carnavalet, Paris
Musée des Arts Décoratifs, Paris

Deutschland
Bayerisches Nationalmuseum, München
Germanisches Nationalmuseum, Kornmarkt 1, Nürnberg

Holland
Freilichtmuseum, Arnhem

Monaco
Musée National, Mme. Galleas Sammlung, Monte Carlo

Schweden
Schwedisches Museum, Djurgården, Stockholm

USA
Adirondack Center Museum, Court St., Elizabeth-town NY 12932
Alfred P. Sloan Museum, 1121 E. Kearsley St., Flint, M1 48503
Anita's Doll Museum & Boutique, 6737 Vesper Ave., Van Nuys, CA 91405
Antique Doll Museum, 1721 Broadway, Galveston, TX
Aunt Lens Doll & Toy Museum, 6 Hamilton Terrace, New York, NY 10031
Brooklyn Children's Museum, 145 Brooklyn Ave., Brooklyn, NY 11213
Cameron's Doll & Carriage Museum, 218 Becker's Lane, Manitou Springs, CO 80829
Camp McKensie Doll Museum, Mudo, SD 57559
Children's Museum, 3000 N. Meridian St., Indianapolis, IN 46206
Children's Museum, 300 Congress Str., Boston, MA 02210
Children's Museum, 67 E. Kirbey, Detroit, MI 48202
Good Fairy Doll Museum, 205 Walnut Ave., Cranford, NJ 07016
Heirloom Doll Hospital/Shop/Museum, 416 E. Broadway, Waukesha, WI 53186
Helen Moe Antique Doll Museum, Hwy. 101 and Wellsona Rd., Paso Robles, CA 93446
Hobby Horse Doll/Toy Museum, 5310 Junius, Dallas, TX 78214
Homosassa Doll Museum, Rt. 5, Box 145, Homosassa, FL 32646
Jacksonville Doll Museum, 5th & California St., Jacksonville, OR 97530
Jonaires Doll & Toy Museum, 225 Magazine St., Galena, IL 61036
Lolly's Doll & Toy Museum, 225 Magazine St., Galena, IL 61036
Madame Alexander's Doll Museum, 711 S. 3rd Ave., Chatsworth, GA 30705
Margaret Woodbury Strong Museum, 1 Manhattan Square, Rochester, NY 14607
McCurdy Historical Doll Museum, 246 N. 100 East, Provo. UT 84601
Memory Lane Doll & Toy Museum, Old Mystic Village, Mystic, CT 06355
Mary Merritt Doll Museum, Rt. 2, Douglassville, PA 19518
Museum of Antique Dolls, 505 E. President St., Savannah, GA 31401
Museum of Collectable Dolls, 1117 S. Florida Ave., Lakeland, FL 33803

Veröffentlichungen

British Doll Artist's Directory, c/o Anne Parker, 67 Victoria Drive, Bognor Regis, West Sussex PO21 2TD, England

Dolls — Magazin für den Sammler

Granny's Goodies International Club — Doll World Informations Service (Rückporto beilegen), P.O. Box 734, Forest Hill, London SE23, England
Doll Talk, Kimport Dolls, P.O. Box 495, Independence, MO 64071

INDEX

Kursiv gedruckte Seitenzahlen beziehen sich auf Illustrationen und Kapitelüberschriften.